Feliz por arte de magia

T0178936

Feliz por arte de magia

Sabrina Expósito

VERGARA

Papel certificado por el Forest Stewardship Council®

MIXTO
Papel procedente de
fuentes responsables
FSC® C117695

Penguin
Random House
Grupo Editorial

Primera edición: mayo de 2021

© 2021, Sabrina Expósito
© 2021, Penguin Random House Grupo Editorial, S. A. U.
Travessera de Gràcia, 47-49. 08021 Barcelona
Diseño de la maqueta: Comba Studio

Printed in Spain – Impreso en España

ISBN: 978-84-18045-72-1
Depósito legal: B-2.672-2021

Compuesto en M. I. Maquetación, S. L.

Impreso en Gómez Aparicio, S. A.
Casarrubuelos, Madrid

VE 4 5 7 2 1

ÍNDICE

AGRADECIMIENTOS

Gracias a mis hijas, Carmen y Aitana, porque ellas han sido las grandes maestras en la etapa de crecimiento más importante de mi vida; a Edu, por demostrarme que el amor y el respeto son posibles y reales, y porque juntos llegamos a crear la gran magia de la vida. Gracias a nuestra bebé, Irati, quien, a pesar de no haber llegado a subir las montañas del norte y del sur entre nuestros brazos, nadó en las aguas tranquilas de mi vientre mientras escribía las páginas de este libro. Gracias a esas personas especiales de mi vida que siempre están a mi lado (ya sabéis quiénes sois), y a todos aquellos que me siguen y apoyan desde que comencé hace años la andadura de *Mis cosas de Bruja*.

A todos vosotros y a quienes me descubren con estas líneas, GRACIAS.

PREÁMBULO

Bienvenido seas a estas páginas y bienvenida sea tu decisión de abrazarte a la felicidad que, en esta ocasión, viene de la mano de la magia. Una magia que, más allá de ilusiones ópticas e historias sobrenaturales, es tan natural como la vida y esos pequeños detalles que muchas veces pasan inadvertidos a nuestros sentidos. Ahora es el momento perfecto de agitarlos y centrarse en ellos.

Comenzar un libro hablando sobre mi carrera profesional o mis estudios sería algo de lo más típico y, por qué no decirlo, también de lo más sencillo; sin embargo, como soy una mujer poco tradicional y las cosas fáciles me resultan bastante monótonas, prefiero empezar hablando desde el corazón, que, a fin de cuentas, para mí es lo verdaderamente importante. El trabajo y el estudio son algo para lo que casi todo el mundo está capacitado, sea en el nivel que sea, pero tocar el alma no es tan sencillo, y lo que yo quiero es acariciar la tuya para que comiences a gozar con todo lo que llevas en el interior.

Sé que el mayor de los propósitos de mi vida es ayudar a las personas a sentirse bien consigo mismas y, por supuesto, con todo lo que las rodea. Eso no es excusa para que se repudien o eviten la melancolía, la tristeza o el enfado. No. Esos sentimientos son tan necesarios como la alegría, la felicidad y el amor. Pero sí que hay que ser conscientes de que no se pueden retener más tiempo del necesario, y esa necesidad acaba justo cuando ya se ha obtenido el aprendizaje. Arrastrarlos más allá supondrían un lastre para nuestra vida y, como consecuencia, para la de los demás. No seamos mártires ni verdugos.

Me gustaría ponerme como ejemplo ante esto último que he comentado: mientras escribía las páginas de este libro quedé embarazada. La alegría nos acompañó durante cinco meses y medio, pero nuestra pequeña bebé decidió no nacer. Podría haber maldecido al universo o haberme preguntado «por qué a mí» una y mil veces; pero no fue así y, desde el primer minuto, acepté que Ella no quisiera venir en ese momento de la vida. Fueron semanas muy dolorosas, durante las que me sentí vacía y deprimida, pero la coherencia y la conexión con el universo interior y exterior me ayudaron a superar el duelo, y conseguí dejar marchar esas emociones, transmutándolas en amor y recuerdos bonitos de mis meses de embarazo. Podrías preguntarte por qué ocurrió eso existiendo como existen rituales de protección, y ante esa pregunta yo te contestaría lo siguiente: NO SOMOS LOS DUEÑOS DEL DESTINO DE NADIE. Aprendí a escuchar lo que mi pequeña quería, y en ese momento Ella no quería venir. No podíamos actuar como unos padres egoístas y traerla al mundo por el simple hecho de querer tenerla entre los brazos. No somos así. Su destino era suyo, al igual que su vida. Aceptación y, cómo no, también algunos rituales para ayudar en el duelo. Tras mi aprendizaje, el dolor pasó a ser amor.

Mi vinculación con el mundo natural se eleva a un plano que quizá muchos miren con asombro e incluso admiración; pero lo que tal vez esas personas aún no recuerdan es que ellas también la poseen. Todos formamos parte de la naturaleza, de su magia, de su fuerza. Estamos creados con los mismos elementos. Somos tierra, agua, fuego y aire. Somos física y química. Somos un microuniverso de estrellas, planetas, cometas y estrellas fugaces. Somos iguales. Somos TODO. Recuérdalo y comienza a disfrutar de ello.

Tocar los delicados pétalos de una flor, acariciar el rugoso tronco de un viejo roble, oler la lluvia, escuchar el silencio, la sonrisa de un bebé, el aullido de un lobo... La magia está en todas partes. La magia está en todo y en todos nosotros, y si algo tengo muy claro es que la magia nos hace sentir felices. Todos merecemos disfrutar de esa felicidad.

«La felicidad es magia. La magia te hace feliz.»

Recuerdo cuando comencé a «despertar» —y con ello me refiero a despertar al mundo mágico, el cual tenía dormido— y llevaba a cabo mis primeros rituales: estaba nerviosa y excitada a la vez. Fue como cuando, en plena adolescencia, tienes esa primera cita con la persona que te gusta. No sabes si saldrá bien, te preguntas una y mil veces si has preparado bien el entorno, dudas de si podrás volver a verla, tienes miedo a fracasar... Una cantidad de sensaciones que te hacen temblar de nervios y, a la vez, de pura emoción. Con el paso de los años —tanto en un asunto como en otro— te das cuenta de que la mayoría de esos sentimientos de duda, miedo y nerviosismo se pueden evitar solo siendo tú mismo y no preocupándote por lo que los demás puedan pensar sobre ti. Pero, claro, para ello debes tener un buen concepto de ti y de tu forma de ser. Amarte, respetarte y, sobre todo, estar dispuesto a escuchar cuando algo de lo que haces no está bien según los demás. Esto último es fundamental, pues el amor propio no está reñido con la aceptación de los errores; al contrario, van de la mano. Nadie es perfecto y todos venimos aquí para aprender. Cada cual decide si ese aprendizaje lo lleva a cabo de una forma divertida o, por el contrario, entre quejidos y lamentos. No sé tú, pero yo lo tengo muy claro.

Mi vida antes de ese «despertar» no fue para nada envidiable durante un buen puñado de años: excesos, malos tratos, depresiones... Pero cuando, gracias a unas amigas, logré conectar con el exterior más puro y sincero y, a la vez, con mi interior más real, conseguí aceptar quién era de verdad y mi vida poco a poco comenzó a cambiar. No quiero engañarte al decir que fue un proceso rápido, no —el autoconocimiento es como una evaluación continua que te acompaña hasta el fin de tus días—; pero sí he de admitir que, a pesar de ser un camino largo, he disfrutado y disfruto mucho, incluso con cada lágrima que haya caído o pueda caerme por las mejillas.

Como he dicho antes, mi propósito en esta vida es hacer que te sientas feliz; que comprendas que el mundo está formado por nuestras energías y, por ello, es necesario que sean lo más bonitas y agradables posible. Quiero compartir contigo, y con todo aquel que lo desee, una serie de rituales que faciliten nuestro paso por esta vida y carguen el mundo de vibraciones favorables. Quiero que no tengas miedo a la magia y a los conocimientos o movimientos ancestrales. Quiero que te sientas en paz.

¿Quieres ser feliz? ¿Quieres intentarlo? ¿Te apetece acompañarme con la magia que viste estas letras? Pues no esperemos ni un segundo más y comencemos a movernos.

No quiero caminar delante de ti ni tampoco a tu espalda. Vayamos juntos por el camino de la felicidad y, si tropiezas, mi mano estará allí para ayudar a levantarte.

Con afecto y amor,

SABRINA EXPÓSITO MUÑOZ,
de Mis cosas de Bruja

Durante mucho tiempo, la magia se ha confundido con prestidigitación de saltimbanquis, alucinaciones de mentes perturbadas y delitos de ciertos malhechores fuera de lo corriente. Por el contrario, hay muchos que se apresurarían a explicar que la magia es el arte de producir efectos con ausencia de causas; y basándose en tal definición el vulgo dirá —con el buen sentido que caracteriza a la gente común, en medio de mucha injusticia— que la magia es un absurdo. Pero, de hecho, no puede tener analogía con las descripciones de quienes nada saben sobre el tema; además, nadie tiene que representarla como esto o aquello: es lo que es, surge de sí misma, tal como la matemática, pues se trata de la ciencia exacta y absoluta de la naturaleza y sus leyes.

ELIPHAS LÉVI

INTRODUCCIÓN A
los rituales

¿QUÉ ES UN RITUAL?

Antes de exponer unos sencillos, pero efectivos, rituales mágicos, me gustaría explicarte lo que es un ritual y, de esa forma, evitar o solventar cualquier posible duda. Por desgracia, es un término que muchas personas han asociado a actos oscuros y negativos, cuando en realidad no tienen por qué guardar relación con ello. Todo depende de la intención que cada uno ponga en dichos rituales.

Un ritual es un acto que se repite de forma habitual u ocasional, y que contiene una cierta —o una gran— carga simbólica. Esa carga no tiene por qué estar vinculada a ningún tipo de acto religioso, como podemos observar en el siguiente ejemplo: todos los días, a la misma hora, alguien dedica unos minutos a su bienestar preparando con detenimiento su baño o ducha. Pone música relajante, apaga las luces, enciende velas, esparce pétalos de flores recién recogidas, se introduce en el agua, cierra los ojos y siente el placer de los olores y el sonido... El ritual no comienza al preparar el baño, sino que, desde que recogió los pétalos de flores, o más bien desde que su mente pensó en recogerlos, el ritual, las sensaciones y las propiedades vinculadas empezaron.

Al igual que con el baño, puedes hacer un ritual de cualquier aspecto que consideres sagrado en tu vida (desayuno, días de luna llena...). Todo depende de las cargas simbólica, emocional y sensitiva que pongas en ello. Dichas cargas son las que claramente te permitirán distinguir un ritual de un simple hábito.

Si nos centramos más en el significado religioso o espiritual —y lejos de ser actos vinculados a la connotación negativa impuesta a la brujería o la hechicería—, los rituales han sido un acto social e individual desde el comienzo de la humanidad. Es algo innegable e irrefutable, ya que los miles de restos descubiertos y estudiados por arqueólogos, científicos y antropólogos avalan dicha afirmación. Por qué o cómo empezó el ser humano a mirar a los cielos y a poner toda su voluntad en unir sus energías a las del universo es algo que nunca conoceremos con certeza, más allá del planteamiento de numerosas hipótesis y de muy diversa índole; pero, sin duda, es algo para agradecer, puesto que nuestra memoria genética ha heredado esos comportamientos, y hoy por hoy casi todo ser humano realiza rituales de forma innata —sea cual sea su finalidad—. El comienzo, la auténtica génesis de la magia del ritual, siempre será un gran enigma, pero también una gran motivación. Incluso me atrevería a afirmar que, si algún día desapareciesen los rituales de nuestra vida, esta perdería una gran parte de su sentido. Cuidemos de ellos y respetémoslos.

¿QUÉ BENEFICIOS APORTAN LOS RITUALES?

uizá desconozcamos su verdadero origen, pero algo que sí sabemos con certeza y veracidad es que practicar rituales tiene múltiples beneficios físicos y emocionales:

01   Calman la ansiedad.

02   Aumentan la concentración.

03   Permiten dedicar un espacio de tiempo a uno mismo.

04   Ayudan a segregar endorfinas.

05   Activan el trabajo neuronal y celular.

06   El corazón bombea con mayor firmeza, lo que facilita la oxigenación de las células y los distintos órganos del cuerpo.

07   Permiten que la mente interconecte la información que posee en todos sus rincones y, además, incitan a la búsqueda de nueva información y motivan la investigación.

08   Alivian el estrés del día a día.

09   Permiten dejar atrás los problemas y preocupaciones.

10   Aguzan los sentidos.

En definitiva, son una medicina para el alma, el cuerpo y la mente. Desde el primer segundo en el que se comienza a pensar o plantear un ritual, todos esos beneficios sirven como terapia y podría decirse que SOMOS FELICES. Y si dichos rituales están encaminados a conseguir algún propósito en nuestra vida (aunque NO siempre tienen por qué estarlo, como te he expuesto antes), ese estadio de felicidad se incrementa aún más, como lo hacen el entusiasmo y la conexión con el entorno.

«Tengan el resultado final que tengan, lo importante
es quedarse con el disfrute del camino recorrido.»

¿DEBO CREER EN ALGUNA FIGURA EN CONCRETO O SEGUIR ALGÚN TIPO DE RELIGIÓN?

Hay quienes incluyen y utilizan en sus rituales a dioses, ángeles y demás figuras consideradas como sagradas, pero en este libro no encontrarás ninguna vinculación religiosa. Más allá de las ciertas limitaciones que para algunos pueda suponer, solo me centraré en la energía que fluye en el universo y en la naturaleza, la cual no deja de ser un fiel reflejo de nuestro interior. Si, por el contrario, tú te sientes más cómodo incorporando alguna figura, imagen o mantra religioso, siempre eres libre de hacerlo. Recuerda que cada cual debe actuar según lo que su propio instinto le dicte. No lo acalles, siempre y cuando ese instinto te esté guiando hacia algo que no carezca de ética y respeto. Dale voz, por favor.

«Todo lo que pidas al universo está en tu interior. La magia de los rituales te ayudará a expresarlo y a beneficiarte de ello.»

DUDAS FRECUENTES ANTES DE UN RITUAL

Lo primero que debes saber es que, cuando llevas a cabo un ritual, este debe salir de tu propio interior; de lo más hondo de tu corazón. Hacer un «copia y pega» de algo que no se siente es como querer contar los granos de arena que hay en la playa: NO SIRVE PARA NADA. Es muy probable que, si no estás muy habituado con el mundo de los rituales mágicos, surjan en ti muchas dudas; por ello he querido darte respuesta a las más comunes. Allá van.

✦ **¿PUEDO HACER EL RITUAL EN LUNA MENGUANTE SI LO QUE QUIERO ES PEDIR O CONSEGUIR ALGO?**

Los rituales se pueden realizar en cualquier momento, pero siempre hay unas energías lunares más favorables para según qué finalidad —al igual que ocurre con el momento del día más adecuado—. Por lo tanto, cuantas más correspondencias reúnas a la hora de llevar a cabo un ritual, mayor será su fuerza. Aunque también he de decirte que si estás libre de prejuicios y ciertos dogmas impuestos, puedes realizar cualquier tipo de ritual con tan solo el poder de tu mente y tu corazón. (En el siguiente apartado te hablaré sobre el uso de la luna, por si no sabes muy bien a qué me refiero.)

✦ **SI NO TENGO LA PLANTA QUE INDICA LA RECETA DEL RITUAL, ¿PUEDO USAR OTRA?**

Por supuesto que sí. Hay infinidad de plantas. Si se dice una en concreto es por sus propiedades mágicas o medicinales, pero hay muchas más que comparten dichas virtudes. Es cuestión de que averigües cuáles son y si están a tu alcance. Un bonito ejercicio de investigación que aportará aún más entusiasmo al proceso.

✦ ¿QUÉ HAGO DESPUÉS CON LOS RESTOS DEL RITUAL?

Cuando los rituales estén relacionados con viajes, mensajes a otras personas, estudios, conocimiento o liberación hacia algo —o de algo—, los restos de las cenizas se lanzan al aire; y si son restos sólidos se pueden dejar en la cima de cualquier montaña o lugar alto (siempre y cuando sean restos naturales y no contaminantes).

Cuando los rituales guarden relación con la limpieza o la eliminación de obstáculos y energías contraproducentes, los restos se destruyen en el fuego o se tiran a la basura orgánica.

Cuando los rituales estén relacionados con el amor, el sexo, los sueños o el lado inconsciente de la mente, los restos se lanzan al agua (de nuevo, siempre que sean restos no contaminantes).

Si, por el contrario, se trata de rituales relacionados con la prosperidad, la salud, el trabajo o el dinero, los restos se entierran en el campo o en el monte y, a ser posible, en los pies de algún gran árbol. Si no puede ser, también pueden enterrarse en alguna maceta con tierra de casa.

(Como habrás podido comprobar, según la finalidad que se desee conseguir, existe una vinculación o correspondencia con uno de los cuatro elementos.)

✦ ¿SE PUEDE O DEBE DECIR ALGUNA FRASE MÁGICA O ESPECIAL?

Se pueden decir; y no solo eso, además otorgará un poder extra al ritual, ya que la palabra también ejerce un papel importante dentro del mundo energético. En los rituales que vas a encontrar en este libro he incluido frases mágicas que pueden utilizarse para otorgar poder, pero lo ideal es que pronuncies lo que te salga del corazón. No es necesario prepararla con antelación; tan solo deja que la magia fluya por tu mente y tu boca.

✦ ¿CUÁNDO PODRÁN VERSE LOS PRIMEROS RESULTADOS SI MI RITUAL ESTABA ENFOCADO A CONSEGUIR ALGO?

Si has utilizado la energía de la luna para realizar tu ritual, deberás esperar un ciclo lunar completo para comenzar a disfrutar la posible resolución a dicha petición. Es decir, que hasta que no transcurran 28 o 29 días es muy posible que no veas ningún tipo de resultado. Por lo tanto, lo ideal es que, si necesitas resultados para una fecha concreta, pongas en práctica el ritual con la antelación suficiente. También existe la posibilidad de tener en cuenta las horas del día —así se hace uso de las energías solares— y que el proceso de resolución se adelante un poquito a esos 28 o 29 días. Todo es practicar y dar con el método más ajustado a ti y tu necesidad.

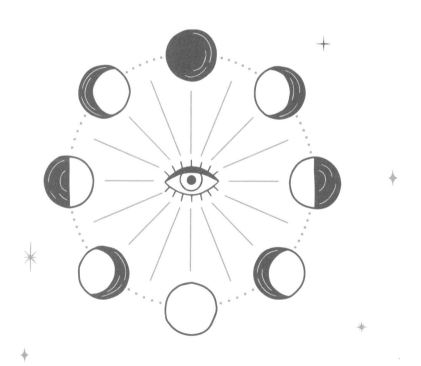

¿QUÉ ES ESO DE UTILIZAR LAS LUNAS EN LOS RITUALES?

Unas líneas antes he dicho que se debe esperar un ciclo lunar completo si se está trabajando con ella, ¿verdad? Pero es bastante probable que no sepas muy bien de qué hablo. Si eres «brujita» (incluyo en este término también a los hombres) y ya trabajas con energías de la naturaleza, lo sabrás; pero si eres nuevo en esto y no sabes de qué se trata, te lo explico muy brevemente:

Al igual que hay quienes utilizan figuras sagradas y sus energías, otros utilizamos en nuestros rituales las energías de la naturaleza, en este caso de la luna.

Como bien se sabe, la luna pasa por distintas fases a lo largo de un ciclo de más o menos 28 días: luna nueva, creciente, cuarto creciente, gibosa creciente, luna llena, gibosa menguante, cuarto menguante y creciente menguante o balsámica. Para saber en qué fase nos encontramos bastará con que mires al cielo y observes su aspecto; pero si tienes dificultades para distinguir entre una fase u otra, lo más cómodo es que tengas un calendario lunar que te indique qué luna vestirá en los cielos cada día —o al menos las fases más significativas—, de esa forma podrás utilizar sus energías en los rituales.

A grandes rasgos, te hago un breve resumen energético de las principales fases lunares:

- Las energías de la luna creciente o de la luna llena son favorables para todos aquellos rituales que estén encaminados a conseguir algo, a potenciar habilidades o a proteger.

- Las energías de la luna menguante o de la luna nueva son las propicias para realizar rituales de limpieza, introspección, conexión con uno mismo y, en definitiva, para alejar todo aquello que no quieres en tu vida.

Por lo tanto, si decides hacer uso de sus energías para crear un ritual, hay dos puntos importantes que debes tener en cuenta:

1 Saber en qué fase lunar estás en el momento en que realizas el ritual y, en su defecto, llevarlo a cabo en la fase lunar correcta.
2 Esperar un ciclo lunar completo para comenzar a ver los resultados (si es que has orientado el ritual a pedir algo).

Sé que al principio puede resultarte un poco complicado, pero no lo es para nada, y con el paso del tiempo y del uso acabarás aprendiendo y deseando conocer aún más. Nuestros antepasados más primigenios miraban siempre al cielo para guiarse, y creo que nosotros deberíamos comenzar a hacer lo mismo. La naturaleza es nuestra mayor guía.

«Mira al cielo sin miedo, pues será tu mejor compañero.»

¿DE VERDAD PUEDO USAR LA ENERGÍA DEL SOL PARA ACELERAR MIS RITUALES?

A sí es. Sí que puedes. Para ello tan solo deberás ejecutar el ritual en el momento del día adecuado (además del momento lunar), teniendo en cuenta la posición del Sol en el cielo.

Tranquilo, no te asustes, que esto no es nada complicado. Verás, el ciclo del Sol es mucho más completo que el de la Luna, puesto que permite utilizar las energías generadas en cada mes del año (lo que se conoce como la «rueda anual» o «ciclo anual») y también las generadas a lo largo de un día —desde que sale hasta que se pone por el horizonte—. Dichas energías quedan clasificadas de la siguiente forma:

El sol del amanecer, de media mañana y de mediodía, el cual se utiliza para rituales relacionados con cambios, nuevos proyectos, purificación, salud, expandirse, mejorar la sexualidad o potenciar la fertilidad, el amor, la economía, los estudios, la fortaleza personal y con que se haga justicia.

El sol del atardecer y de la puesta por el horizonte, cuyas energías sirven para rituales relacionados con la comunicación, los viajes, la sabiduría, eliminar malos hábitos y enfermedades, y también para activar los poderes psíquicos.

¿Qué quiero decirte con esto? Pues que, por ejemplo, si deseas hacer un ritual para conseguir un trabajo mejor, además de tener en cuenta la fase lunar —que en ese caso sería creciente/llena— también sería aconsejable que hicieras uso de las energías del sol entre el amanecer y el mediodía. Los posibles resultados se verían acelerados y no solo eso, sino que la amplitud de la energía beneficiosa sería mucho mayor.

Todo son ventajas y beneficios.

¿PARA QUÉ NECESITO CONOCER LOS PUNTOS CARDINALES?

P orque, al igual que la luna, el sol y los demás componentes de la naturaleza tienen su poder energético; según hacia dónde mires mientras llevas a cabo el ritual, este tendrá mayor intensidad o fortaleza, lo que influirá de manera positiva, una vez más, a la hora de recoger el fruto de sus resultados.

Si el tema de la orientación no es lo tuyo, lo ideal es que tengas siempre en tu *kit* de magia o de rituales una brújula que te ayude en dicha finalidad. Si prefieres hacer uso de alguna aplicación para el móvil, porque lo analógico no lo entiendes muy bien, también es perfectamente válido. El mundo mágico debe adaptarse a los cambios, el desarrollo y la evolución.

¿Y hacia dónde debes mirar en cada ritual?

El punto cardinal norte se utiliza para la rituales de dinero, prosperidad, trabajo y fertilidad.

El punto cardinal sur se emplea para la protección, el sexo, el valor, la energía, la fortaleza y para expulsar todo lo negativo o perjudicial.

El punto cardinal este se usa para los viajes, los estudios, la libertad y el conocimiento.

El punto cardinal oeste se ocupa del amor, los sueños, los deseos, el matrimonio o los estados de paz y sosiego.

Hay que tener en cuenta que, si estás en el hemisferio sur, las correspondencias de los puntos cardinales norte y sur se invierten; es decir, que las correspondencias del norte serían las del sur si estás en el hemisferio sur. No es complicado. Una vez más, con el paso del tiempo, la intuición y la práctica, al final acabarás haciéndolo de forma casi mecánica y sin necesidad de pensar o buscar en los apuntes.

CONSEJOS PREVIOS

lgo muy importante a la hora de celebrar rituales es el saber cómo hacerlo de una forma correcta. Para ello no estaría nada mal que tuvieses en cuenta los siguientes puntos:

✦ Saber con firmeza qué se quiere pedir, conseguir o agradecer (no siempre hay por qué pedir). Dudar de algo no servirá de nada; por lo tanto, si lo que quieres es conseguir un trabajo, piensa antes muy bien qué trabajo deseas en concreto y centra en ello todas tus energías. La mente puede llegar a convertirse en una auténtica impresora 3D de todo lo que deseas.

✦ Hacer los rituales siempre desde el merecimiento y alejar de tu vida la necesidad. Tus energías no deben estar sumidas en ese bucle oscuro al que te empuja la necesidad. No sientas que necesitas algo, siente que lo mereces. Considérate como alguien que ha trabajado siempre, ha respetado a los demás, al entorno y a si mismo, y evoluciona hacia la transformación infinita a la que te eleva el sentimiento de merecer algo. Recuerda que tus pensamientos son el trampolín hacia la consecución de tus metas y objetivos.

✦ Si lo que pretendes es realizar un ritual para que alguien a quien quieres mucho (familiar, amigo...) consiga algún propósito o mejore algún aspecto de su vida, es requisito indispensable que dicha persona esté informada de lo que deseas hacer por su bienestar y, cómo no, que acepte esa ayuda por tu parte. No tenemos el derecho de disponer sobre la vida de los demás, por mucho amor que les tengamos y por mucho que deseemos que su vida mejore. Cada cual es libre de decidir su forma de estar en el mundo, y hay que respetarlo por encima de todas las cosas.

✦ Con pedir las cosas una sola vez es más que suficiente. No es necesario estar repitiendo el mismo tipo de ritual y para la misma finalidad. Con una vez que lances la petición al universo bastará para que este te escuche. No olvides que todo ritual necesita también un tiempo de espera —como bien te he explicado antes—; por lo tanto, deberás aguardar lo que corresponda para poder comenzar a ver los resultados. Y si ese resultado no llegase, a pesar de haber esperado y respetado los ciclos de energía, piensa que es porque aún no estás preparado para recibirlo y debes seguir trabajando en tu interior. Todo llega. Antes o después, pero llega. Paciencia.

✦ No hacerlos sintiéndote mal o con las energías bajas. Por ese motivo siempre que quieras realizar algún ritual, sea del propósito que sea, es muy recomendable que antes hagas un baño o ritual de bienestar. No puedes atraer energías favorables si te sientes como un ser pesado o desdichado. Somos imanes y atraemos lo que somos.

✦ Todos queremos y deseamos el *pack* completo de salud, dinero y amor, ¿verdad? Pues no obvies ninguno de ellos y lánzate a conseguirlo con el máximo respeto que merecen, y no como si de una oferta de supermercado se tratase. Respeta la magia.

ALGUNOS TÉRMINOS EMPLEADOS

✦ **Agua de luna:** es el agua bañada con la luz de la luna llena. Para ello se deja el agua en un recipiente de cristal durante toda la noche, para que reciba su luz. Se retira por la mañana, antes de que salga el sol. Puede utilizarse en el mismo día o, por el contrario, guardarla en el frigorífico o en forma de cubitos de hielo.

✦ **Agua solarizada:** es el agua cargada con la luz solar. Para conseguirla se deja el agua en un recipiente de cristal durante una mañana entera, para que reciba su luz. Se retira antes de que el sol baje de su punto más alto en el cielo. Al igual que con el agua de luna, puede utilizarse en el mismo día o puede guardarse en el frigorífico o el congelador para que dure más tiempo.

✦ **Visualizar:** es la capacidad de recrear una realidad en la mente hasta un punto en el que se perciban las sensaciones y emociones creadas. Aprender a visualizar correctamente es un paso muy importante a la hora de realizar rituales, ya que la mente posee el mayor poder energético que se pueda utilizar.

BENEFICIOS DEL AGUA DE LUNA SEGÚN EL SIGNO EN EL QUE SE CREE

L a plenitud de la Luna ocurre cada mes en un cielo distinto, que es el opuesto al cielo por el que camina el Sol. Esto quiere decir que, por ejemplo, cuando el Sol está paseando por los cielos de Capricornio (diciembre/enero), la plenitud de ese mes ocurrirá en los cielos de Cáncer, eterno opuesto de Capricornio.

Cuando se crea agua de luna, esta tiene distintas propiedades, que dependerán de ese cielo por el que ande, de las cuales puedes beneficiarte cuando la ingieres o la utilizas en baños.

Aquí te dejo los órganos que se ven beneficiados según el signo por el que ande la Luna, y sus energías:

✦ AGUA DE LUNA EN ARIES: cabeza y vista. Ocurre entre el 23 de septiembre y el 22 de octubre.

✦ AGUA DE LUNA EN TAURO: cuello, garganta, nariz y oídos. Entre el 23 de octubre y el 22 de noviembre.

✦ AGUA DE LUNA EN GÉMINIS: hombros y sistema nervioso general. Entre el 23 de noviembre y el 20 de diciembre.

✦ AGUA DE LUNA EN CÁNCER: estómago, brazos y manos. Entre el 21 de diciembre y el 19 de enero.

✦ AGUA DE LUNA EN LEO: pecho, corazón y sistema circulatorio. Entre el 20 de enero y el 18 de febrero.

✦ AGUA DE LUNA EN VIRGO: intestino y bazo. Entre el 19 de febrero y el 20 de marzo.

✦ AGUA DE LUNA EN LIBRA: riñones y zona lumbar. Entre el 21 de marzo y el 20 de abril.

✦ AGUA DE LUNA EN ESCORPIO: zona genital y vesícula. Entre el 21 de abril y el 20 de mayo.

✦ AGUA DE LUNA EN SAGITARIO: muslos, caderas, cintura, hígado y músculos. Entre el 21 de mayo y el 20 de junio.

✦ AGUA DE LUNA EN CAPRICORNIO: rodillas, articulaciones, piel y huesos. Entre el 21 de junio y el 20 de julio.

✦ AGUA DE LUNA EN ACUARIO: piernas y tobillos. Entre el 21 de julio y el 21 de agosto.

✦ AGUA DE LUNA EN PISCIS: pies y glándulas. Entre el 22 de agosto y el 22 de septiembre.

BAÑOS Y SAHUMERIOS PARA EL DÍA DEL CUMPLEAÑOS DE CADA SIGNO SOLAR

ARIES
Baño: jengibre, albahaca y laurel.
Sahumerio: olivo, té y romero.

TAURO
Baño: lavanda, canela y limón.
Sahumerio: palosanto y hierbabuena.

GÉMINIS
Baño: hinojo, salvia y té verde.
Sahumerio: laurel y romero.

CÁNCER
Baño: margaritas, hinojo y limón.
Sahumerio: verbena y salvia.

LEO
Baño: romero, caléndula y anís.
Sahumerio: hoja de maíz y flores de temporada.

VIRGO
Baño: avena, miel, canela y nuez moscada.
Sahumerio: cáñamo y cilantro.

LIBRA
Jengibre, cardamomo y pino.
Sahumerio: vainilla y hojas de té.

ESCORPIO

Baño: pétalos de narciso, manzanilla e hibisco.
Sahumerio: palosanto y canela en rama.

SAGITARIO

Baño: regaliz, té negro y menta.
Sahumerio: cáscara de castaña y piel de naranja.

CAPRICORNIO

Baño: jengibre, canela y pino.
Sahumerio: eucalipto y laurel.

ACUARIO

Baño: salvia, naranja y caléndula.
Sahumerio: albahaca, menta y hierbabuena.

PISCIS

Baño: artemisa, nuez moscada y anís.
Sahumerio: jazmín y berro.

PROPIEDADES MÁGICAS DE LAS PLANTAS Y LOS ALIMENTOS QUE APARECEN EN LOS RITUALES

ACEITE DE OLIVA (olivo): es un símbolo de paz, unión, prosperidad y victoria. Colocar ramas de olivo a la entrada de tu hogar lo protege de cualquier mala vibración que quiera dañar a quienes vivís allí. Unas ramitas colocadas bajo el colchón evitan enfermedades y favorecen la pronta recuperación si te encuentras enfermo. Algunos campesinos entierran ramas de olivo entre sus cultivos para proteger las cosechas, y su madera, el aceite y los huesos de las aceitunas los puedes utilizar para atraer el amor.

AJO: lo puedes emplear como protección y limpieza de energías que no quieras tener contigo; pero también puedes darle uso en rituales relacionados con el dinero, la fortaleza, el éxito y el amor, y para potenciar la inteligencia (fantástico en época de exámenes).

ALBAHACA: es una planta muy relacionada con la riqueza. Si llevas algunas hojas en la cartera, el bolsillo o las pones en la caja registradora del negocio, te proporcionarán clientes y grandes ganancias económicas. Si te regalan una planta de albahaca, atraerá la buena fortuna a tu hogar, y si esparces unas pocas hojas secas por las habitaciones alejará el mal de ellas. Darte un baño con albahaca fresca, aparte de beneficiar tu ánimo con la fragancia de sus hojas y flores, te servirá como baño purificante y es recomendable que lo hagas al menos una vez a la semana. Es una planta capaz de romper maldiciones y conjuros de magia con malas intenciones, y también combate los celos y disipa las envidias.

ALMENDRAS: puedes utilizar sus hojas, flores y frutos en rituales relacionados con el dinero y la sabiduría. También en aquellos que intervengan en el sexo, el amor y la fecundidad. Si creas una varita con su madera, tendrá poderes relacionados con la sabiduría, la libertad y el conocimiento universal.

AMAPOLA: con ella puedes tener sueños reveladores, inspirar tu creatividad si eres artista, facilitar tu comunicación con los seres del más allá que están en el más acá y conseguir paz. También puedes usar sus semillas para atraer el dinero y aumentar las posibilidades de quedarte embarazada.

ANÍS: puedes utilizarlo para la protección de lugares y personas, alejar presencias molestas en casa, invocar energías de otros planos o seres que ya no están entre nosotros con su forma física, aumentar tus poderes físicos y hacer baños de purificación (que, además, aportarán grandes beneficios para tu salud).

ARROZ: posee enormes propiedades mágicas relacionadas con el amor, la fertilidad, la prosperidad y la protección. Si friegas el suelo de casa con el agua de su cocción, no solo la limpiará en profundidad de malas energías o vibraciones, sino que atraerá la fortuna hasta ti.

AVENA: está vinculada al planeta Venus; por lo tanto, el mejor día para usarla en tus rituales es el viernes. Sus energías se relacionan con la abundancia, la fertilidad, el amor y el trabajo, y también con el bienestar en general. Otro de sus usos más frecuentes es como ofrenda a la tierra.

AZAFRÁN: es una de las flores más bonitas y especiales que existen. En su interior da cobijo a tan solo tres estigmas que, de forma artesanal, se recogen uno a uno y dan sabor y color a los platos más exquisitos. Si deseas utilizarlo como elemento de belleza, puedes hacer como Cleopatra, que daba un tono dorado a su piel con baños o polvos de azafrán. También puedes emplearlo como ofrenda a los dioses (si tienes creencia en ellos), protección de hogares, atracción de la riqueza, amuleto para el amor y como curación de la tristeza y la melancolía.

AZÚCAR: puedes emplearla para atraer el dinero, crear baños o rituales de belleza y amor (nunca dirigidos hacia alguien en concreto), abrir caminos, suavizar las energías conflictivas de un lugar o ambiente, e incluso para mejorar (en general) todos los aspectos de tu vida. Hay quien la usa para realizar endulzamientos amorosos vinculados a los amarres, pero soy contraria a ello y te recomiendo que jamás los realices, puesto que estarías cometiendo un abuso claramente clasificable como violencia.

BICARBONATO: no solo destaca por sus beneficios en la limpieza y desinfección del hogar, en cosmética o en el alivio de la tensión estomacal, sino que también es un componente mágico de categoría extra. Puedes utilizarlo para rituales de destierro, protección, para eliminar malas vibraciones y como limpieza del aura. Para ello bastará con agregarlo como ingrediente principal —o secundario— de tus rituales, baños, velas, círculos de protección o saquitos mágicos.

CACAO: puedes utilizarlo en ceremonias sagradas para ti; también en rituales de amor (tanto el tuyo propio como el de pareja), amistades, equilibrio, prosperidad, de conexión con la tierra y los seres superiores, y también con tus antepasados. En forma de semillas, polvo, como chocolate... Da igual el formato, pero cuanto más puro sea, mucho mejor. Lo puedes impregnar en velas, hacer sacos, baños, círculos mágicos, dibujar simbología, brebajes..., un sinfín de posibilidades que los mayas ya conocían, pues siempre tenían el cacao presente en sus rituales y ceremonias.

CAFÉ: la mayoría de sus propiedades mágicas están relacionadas con el mundo material o terrenal; es decir, que lo puedes utilizar en rituales de dinero, de venta de objetos o casas y para encontrar algo que se te ha perdido. Además de eso, también puede ser un método adivinatorio si sabes leer los posos de las tazas de café.

CALÉNDULA: esta planta, aunque no sea de las más comunes en según qué lugares del mundo, posee un gran poder energético y la puedes emplear para proteger tanto tu hogar como a las personas que estén enfermas. Si colocas la planta debajo de la cama antes de acostarte, cuidará de tus sueños, y no solo eso, sino que propiciará los sueños proféticos. Además, mantiene alejado cualquier ente maligno, mejora la visión psíquica, da fortaleza a los conjuros (sobre todo si la unes con laurel) y ayuda a obtener éxito en los asuntos legales que tengas pendientes (siempre que sea una decisión justa).

CANELA: ya sea en baños, saquitos u otro tipo de rituales, muchas son las propiedades de la canela dentro de la magia, pero casi todas ellas están enfocadas a la protección del hogar, al amor, la pasión, la fortuna, el trabajo, la prosperidad y la purificación.

CARDAMOMO: su principal uso en rituales son aquellos relacionados con la pasión, la sexualidad y el amor.

CARDO: su mayor virtud es la de absorber las energías negativas del ambiente, pues purifica casi de una forma milagrosa el lugar en el que se encuentre. Por eso se suele poner mucho junto a las personas que están enfermas o encamadas. Es un gran amuleto y, si lo llevas encima o lo tienes en casa, sin duda te beneficiarás de su gran atracción hacia las buenas oportunidades. También se usa para luchar contra las maldiciones, las envidias y el mal de ojo.

CAYENA: no solo es una especia que aporta sabor a los platos o facilita la pérdida de peso por sus propiedades para acelerar el metabolismo y provocar termogénesis, sino que, en algunas partes del mundo, se considera una especia sagrada y se emplea en actos y rituales de extrema protección. Si quemas cayena seca en forma de sahumerio, alejará todo tipo de entes, espíritus y malas energías; y si la usas en rituales para el sexo, la protección o para eliminar malos hábitos, potenciará y acelerará el efecto del ritual.

CEBOLLA: además de ser una gran aliada contra los resfriados, los estados gripales y para combatir la tos, puedes hacer uso de la cebolla en rituales de protección, adivinación y eliminación de la tristeza o de las preocupaciones. Si escribes tu nombre en una cebolla tras una pelea, conseguirás que se disipen esas malas sensaciones que dejan las disputas (sobre todo cuando son con un ser querido).

CILANTRO: puedes usar sus semillas u hojas secas para hacer saquitos y baños relacionados con el amor. También sirve como gran limpiador de energías si pulverizas las superficies de tu casa con una tisana de sus hojas y tallos, o espolvoreas planta seca por el suelo y luego la barres hacia fuera. Por último, puedes hacer talismanes y rituales relacionados con el dinero donde esté presente la planta (tanto fresca como seca). Si unes sus vibraciones a las de la canela y el anís, los rituales se verán potenciados.

CLAVO DE OLOR: es un ingrediente o elemento muy utilizado en diversos rituales, pero, sobre todo, lo puedes utilizar como medio de protección para evitar males y para ahuyentar presencias o energías un tanto molestas. Una forma de limpiar esas energías es que insertes un buen puñado de clavos de olor en una naranja y la coloques en la habitación que vayas a tratar. Además, servirá como ambientador natural. Pero no solo puedes usarlo para protección o limpieza, sino que también puedes hacer que forme parte de los rituales enfocados a los temas del amor, para eso introduce algunos de ellos en un saquito que lleves contigo.

COMINO: su uso más arcaico dentro de la magia consiste en colgarse al cuello un saquito de tela o piel con un pequeño puñado, ya que te protegerá de las personas con malas intenciones o espíritus. También lo puedes utilizar para los rituales relacionados con el amor y para reforzar la salud.

ENELDO: es una planta con la que puedes saber si una persona es de fiar o no. Para ello debes ofrecer una infusión de eneldo a la persona en cuestión; si la rechaza, ya sabrás que no es de fiar o que no puedes confiar en ella. También la puedes utilizar para hacer amuletos de protección para los bebés, para alejar a las visitas indeseables (para ello coloca un ramo de eneldo en la entrada de casa) y para otorgar fuerza a otras plantas en diferentes rituales o amuletos.

HARINA: sus propiedades dependerán del tipo de harina que utilices, pero, a grandes rasgos, le puedes dar uso en rituales relacionados con la prosperidad, la salud, la fuerza y la sabiduría. La más usada es la harina de trigo, pero también puedes emplear la de garbanzos o la de maíz.

HIBISCO: con ella puedes confeccionar saquitos de amor que potencien las relaciones sexuales, o coronas de flores para las uniones matrimoniales. También puedes usar incienso o quemar sus flores ya secas para diferentes rituales de purificación. Como posee ciertas propiedades alucinógenas, puedes usar dosis un poco más altas en las tisanas y para llegar a un estado espiritual elevado con el que poder conectarte con tus tótems o guías (nunca lo hagas si no dominas a la perfección esta práctica y no conoces la ingesta apropiada).

HIEDRA: tiene la capacidad de transmutar la energía, lo que la convierte en una gran protectora del hogar. También atrae el amor y refuerza los lazos de amistad; protege de las inclemencias del tiempo y de las catástrofes naturales; es uno de los escondites favoritos de hadas y duendes, y sus hojas son símbolo de felicidad. Está vinculada a la madre tierra y a la sensualidad; por lo tanto, favorece la fertilidad y se usa en los rituales para potenciar cualquier propósito.

HIERBABUENA: se la consideraba capaz de eliminar todo mal del hombre, tanto en lo físico como en el amor o el dinero. Una planta de hierbabuena fresca y saludable sirve para atraer el amor y la buena fortuna; por eso, cuando las plantas empiezan a marchitarse lo mejor es usarlas para la cocina y reemplazarlas por otras nuevas, ya que tener plantas estropeadas en casa atrae las energías contraproducentes. Si llevas hojas de hierbabuena fresca en la ropa, evitarán que caigas enfermo, y si usas sus tallos y hojas mojados en agua con sal para limpiar tu hogar, servirán para atraer la prosperidad.

HIGUERA: las hojas de higuera las puedes utilizar como medio adivinatorio si escribes una pregunta sobre ellas. La respuesta vendrá a ti de diferentes formas cuando la hoja se haya secado. Por otra parte, si usas su madera en la confección de varitas, las convertirá en herramientas potenciadoras de la fertilidad, la salud, la vitalidad, el amor y la fortaleza. Si tienes una higuera en el jardín, protegerá tu hogar de la caída de rayos y de las personas furiosas; y si usas sus hojas en sacos —o colgadas en la puerta—, atraerán el amor, la riqueza, la abundancia y la fertilidad.

HUEVO: cuando sientes que las cosas no van bien y te notas con las energías densas y el ánimo decaído, te puedes pasar un huevo desde la cabeza hasta los pies, haciéndolo rodar por todas las partes de tu cuerpo, y luego desecharlo por el retrete o en la basura. Hay a quien le gusta echar el huevo en un vaso de agua con sal y así comprobar si alguien le había lanzado un mal deseo; pero yo te recomiendo que no quieras saberlo y que te limites a limpiar. Puedes utilizar la cáscara para hacer cascarilla, un polvo que puedes usar como protección tanto del hogar como del negocio. Esa cascarilla se sopla o se espolvorea en las esquinas, junto a ventanas o puertas para que ejerza su labor protectora. Si, por ejemplo, la mezclas con sal negra, su poder será mucho mayor. También puedes usar la yema en rituales de prosperidad y de apertura de caminos, para ello unta velas o haz baños mágicos junto a otras hierbas y elementos.

JAZMÍN: es una flor muy relacionada con la belleza, el amor y la fortuna; por lo tanto, puedes usarla para hacer saquitos con estos fines. También puedes añadirla en tu caldero cuando lances hechizos de este tipo, e incluso usar perfume de jazmín cuando quieras potenciar tu feminidad y atraer el amor a tu vida.

JENGIBRE: destaca su empleo en rituales para el dinero, el éxito, la salud, el amor y para aumentar las habilidades psíquicas. Un buen baño para atraer el amor, y que también puedes tomar en infusión para obtener resultados afrodisíacos, sería con jengibre, canela y miel.

LAUREL: es la planta protectora y purificadora por excelencia y, sobre todo, de las más usadas en rituales. Si quemas hojas de laurel, rompe encantamientos dañinos, concede fuerza a las peticiones y deseos, purifica, aporta calma y sosiego a tu hogar, y garantiza el éxito en tus propósitos. Si lo colocas bajo la almohada, ayuda a tener sueños proféticos o adivinatorios; y si llevas una hoja seca de laurel en el monedero, hará que nunca falte de nada en tu hogar.

LAVANDA: es un ingrediente muy importante a la hora de realizar pócimas y rituales de casi cualquier tipo: aumentar el poder espiritual, superar adicciones, amor, comunicación, inteligencia, poderes mágicos, estudios, viajes... Si perfumas tu ropa con lavanda, atraes el amor, y también ofrece protección contra los malos tratos. Aumenta el deseo sexual y su olor garantiza una larga vida. Si colocas una ramita en la almohada, te asegurarás un sueño profundo; pero no solo eso, puesto que, si pides un deseo antes de irte a la cama y lo sueñas, se cumplirá.

LENTEJAS: antiguamente eran un símbolo de riqueza entre los campesinos, que veían cubiertos sus fríos días de invierno con un buen plato de estas legumbres. En el mundo mágico no anda muy desencaminado ese concepto, pues están vinculadas al mundo terrenal, a las posesiones y riquezas materiales. Si pones un plato de lentejas en las esquinas de casa, el dinero jamás faltará en tu hogar.

LIMA: atrae la alegría, aleja la tristeza, favorece el éxito y la prosperidad económica, y es una gran protectora. La puedes utilizar para reforzar cualquier ritual y tomarla a diario para beneficiarte de sus propiedades medicinales y mágicas.

LIMÓN: se dice que es uno de los frutos que más energía cósmica concentra en su interior y, por lo tanto, puede transmitirte esas energías de protección ante enemigos, personas indeseables y sus correspondientes envidias. Además, es un limpiador energético muy poderoso y rápido, y es uno de los elementos que nunca deben faltar a la hora de realizar una limpieza exprés o profunda de las energías de tu hogar y de ti mismo. Ayuda a eliminar la depresión y relaja, pues aporta la paz interior que tanto necesitas. No solo a ti y a tu familia, sino también a tus mascotas. Atrae la alegría, la fortuna y el amor a tu hogar, y su zumo lo han usado durante siglos los chamanes para hacer amuletos y talismanes. Cuando usas su madera para confeccionar una varita mágica, sus principales propiedades se basan sobre todo en la adivinación y la curación, pero también es una gran protectora y conectora con la madre tierra.

MACA: sus energías son propicias para que puedas realizar rituales de fertilidad, potenciar otros ingredientes y aportar fortaleza en saquitos relacionados con la salud.

MAÍZ: es un alimento sagrado para diversas civilizaciones y culturas, como pueden ser la azteca, la maya o la olmeca. De hecho, los aztecas tenían a su dios y su diosa del maíz. Está vinculado a la energía masculina del sol, y lo puedes usar en magia para realizar rituales de prosperidad, protección, fertilidad y abundancia.

MANZANA: gran símbolo de inmortalidad, fertilidad y belleza. La manzana posee energía femenina y en su interior puedes encontrar una estrella de cinco puntas; por ello se la ha considerado como un fruto sagrado. Está relacionada con Venus y se usa en magia para el amor, la fidelidad, la sabiduría, la belleza y la juventud. Sus vibraciones aportan energías favorables para que mejores la autoestima, disipes discusiones y malentendidos, puedas eliminar pesares amorosos, potencies la fertilidad y armonices y mejores tu disfrute de las cosas.

MANZANILLA: se usa siempre antes de cualquier tipo de ritual o acto mágico, ya que ayuda a preparar de una forma correcta el cuerpo y la mente. La manzanilla es limpiadora y purificadora, y tiene la importantísima propiedad mágica de ahuyentar los hechizos y de proteger tu hogar. También es un gran imán para la prosperidad, bien sea llevando unas flores en el bolso o lavándote las manos con su infusión.

MARGARITAS: es la planta vinculada al amor por excelencia. Seguro que alguna vez en tu vida has probado a jugar al «me quiere o no me quiere» mientras arrancabas todos y cada uno de sus pétalos hasta que, el último de ellos, te daba la «respuesta» a esa romántica pregunta. En la Edad Media, las doncellas se engalanaban la cabeza con coronas hechas con margaritas, que entregaban a sus caballeros antes de los torneos para que se las pusiesen cerca del corazón, bajo la armadura. Eso los protegería de sufrir cualquier tipo de incidente y haría que resultaran vencedores.

MIEL: además de ser un alimento con multitud de propiedades beneficiosas para la salud, la miel se considera un elemento mágico indispensable en la repisa de cualquier rincón mágico. No solo la puedes utilizar para realizar rituales de amor, sino también para baños de belleza, purificación, confección de velas «cumple deseos» y, cómo no, en rituales relacionados con la salud y la longevidad.

NARANJA: si quemas piel seca de naranja, conseguirás atraer las cosas buenas a tu vida. También la puedes añadir como elemento principal en rituales de amor y de familia, pero, sobre todo, en los de prosperidad.

NUEZ: alimento que te transporta al cobijo del hogar y al calor de la chimenea en las frías tardes de otoño e invierno. Sus energías mágicas están muy relacionadas con la protección, la prosperidad económica, la celebración del equinoccio de otoño y el bienestar familiar. Si siempre tienes un saquito de nueces en casa, los malentendidos familiares se disolverán rápido y reinará la armonía.

NUEZ MOSCADA: sus utilidades mágicas pueden resumirse en tres grandes grupos o aspectos: dinero, fidelidad y sinceridad en el amor, y mucha salud. Si haces talismanes o amuletos con nuez moscada —o la incluyes en los rituales—, abrirás un mundo maravilloso de felicidad, amor y prosperidad.

ORÉGANO: tiene infinidad de usos, pero en lo que más destaca es en la realización de hechizos de amor. También lo puedes usar para potenciar la intuición y la psique, para proteger tu hogar y a tus animales o para que en casa haya armonía y paz. Otro uso muy ancestral es el de quemar algunas ramitas de orégano seco cuando un ser querido fallece e incluso introducirlas en su tumba. Eso le servirá como protección y como liberación de las cadenas que pudieran quedar en esta vida.

PASIFLORA: con sus flores y las hojas secas puedes fabricar saquitos para la relajación, para atraer el amor o para lograr estados hipnóticos profundos. También es muy beneficiosa a la hora de utilizarla en baños, pues aporta un estado de paz, calma, relajación y belleza insuperables.

PATATA: el tubérculo en sí ya es un alimento absolutamente mágico, puesto que está repleto de propiedades alimenticias y nutricionales; pero si quieres incluirla en tus rituales, puedes hacerlo en aquellos que estén relacionados con la protección, la culminación de deseos o la eliminación de obstáculos.

PEREJIL: no solo evita la negatividad sino que aumenta la sexualidad, mejora la economía y potencia tu salud si llevas alguna ramita contigo. Potencia el amor en una relación y es un gran purificador del hogar y de ti mismo.

PLÁTANO: puedes usar la cáscara para llevar a cabo rituales relacionados con encontrar el amor verdadero, respetuoso, duradero y comprensivo.

REGALIZ: puedes emplearlo en rituales y hechizos relacionados con la sexualidad, la fidelidad, las reconciliaciones y el amor.

ROMERO: limpiezas energéticas, protección, amor, pasión y deseo sexual, curación, belleza, potenciar la clarividencia o cualquier capacidad psíquica, evitar pesadillas, potenciar la salud... Puedes usar el romero para casi todo. Es una de las plantas más importantes dentro del «jardín de brujas» y atrae a esos pequeños seres maravillosos que son los gnomos.

ROSAS: siempre se ha usado y considerado en el mundo mágico como una flor capaz de atraer las buenas oportunidades, el amor y la salud. El mayor icono de la pureza. Se emplea para potenciar la intuición femenina, ya que es una flor muy ligada a esta energía. Darte un baño con agua de rosas o usar su fragancia desarrollará tu intuición. También la puedes utilizar en rituales para potenciar el amor (nunca amarres) o para pedir que se cumplan tus deseos.

SAL: no solo puedes usar la sal marina como tal, sino también las distintas variantes que existen y su multitud de mezclas con hierbas, carbón o condimentos. Entre las muchas propiedades energéticas están las de limpieza (colocar cuencos con sal para absorber malas vibraciones, añadirla al agua de fregar, poner frutos o limones sobre ella...), de proteger y de purificar, y como componente en multitud de rituales de riqueza. De hecho, los romanos emplearon la sal como moneda de cambio; de ahí proviene el término «salario».

SALVIA: puedes utilizarla como potente exorcizante y para fomentar la sabiduría; también, para rituales de curación, dinero, protección y limpiezas energéticas.

TOMATE: por desgracia, la mayoría de las personas que lo utilizan en el mundo mágico lo suelen usar para hacer rituales de amarre hacia otra persona, pero, igual que se puede utilizar para amarrar, también se puede usar para todo lo contrario: para eliminar amarres amorosos. Aunque sus propiedades no se quedan solo ahí, ya que, si lo añades en rituales relacionados con la prosperidad, estos se verán muy potenciados. STOP AMARRES.

TOMILLO: con el sencillo acto de quemar una ramita de tomillo en casa conseguirás un gran efecto sanador, limpiador y eliminador de posibles malas vibraciones. Pero no solo eso, sino que también ayudará a evitar terribles pesadillas, fomentará el valor personal (en la Antigüedad las damas les ponían ramilletes a los soldados que salían a luchar), la sabiduría y ejercerá el rol de gran protector. Al igual que ocurre con el romero, el tomillo es una planta que adoran los seres mágicos de los jardines y, por lo tanto, sirve de buen imán para ellos. Lo puedes utilizar en sacos de protección mezclados con otras hierbas o gemas; quemar un ramillete y hacer sahumerios en el hogar o en el lugar donde haya alguien enfermo; llevar alguna ramita en el bolso o en un bolsillo, o colocarlo bajo la almohada, y también puedes hacer infusiones, baños... infinidad de usos.

UVAS: bien sea el fruto en sí o como vino, la uva está vinculada al mundo de la pasión, la riqueza, el amor y la sexualidad. También es símbolo indiscutible de celebración y unión, y un icono de abundancia en todos los aspectos de tu vida.

VERBENA: esta planta ha estado siempre vinculada a las celebraciones del solsticio de verano. Las mujeres se colocaban en el cuello coronas creadas con verbena y artemisa, y danzaban junto al mar o las hogueras practicando rituales de amor y fertilidad, pues esta planta está muy relacionada con ese tipo de ceremonias. Como hacían en la antigua Roma, puedes limpiar tu altar o lugar mágico con una escoba creada con ramilletes de esta planta. Por cierto, si cortas verbena la noche del solsticio de verano, la conviertes en una de las mejores armas contra las malas energías y también en la mayor purificadora que existe.

VINAGRE: dejando a un lado la multitud de propiedades beneficiosas para la salud y la cosmética, en el mundo mágico lo puedes utilizar para hacer limpiezas en profundidad de malas energías o de destierro; para tus baños centrados en despojos y eliminación de cargas y en rituales para abrir caminos y protección.

Los rituales son como una tregua entre el reloj y nuestra vida ajetreada. En su ejecución conseguimos parar el ritmo frenético que nos impide disfrutar del verdadero sentido del tiempo.

Hacer rituales es entrar en comunión con Cronos; es robar las sandalias aladas a Hermes para poder mantenerlo calmado junto a nosotros y, mientras tanto, gozar de todo pequeño gesto o movimiento que se ejecute a nuestro alrededor.

Los rituales dan vida; son vida. Aportan paz, consciencia, paciencia, respeto y, sobre todo, felicidad.

En los rituales, los objetos dejan de ser simples y meras cosas para tomar el papel protagonista de herramienta sagrada o ingrediente mágico. Dejan de ser algo inútil para convertirse en algo absolutamente útil y con sentido.

SABRINA EXPÓSITO

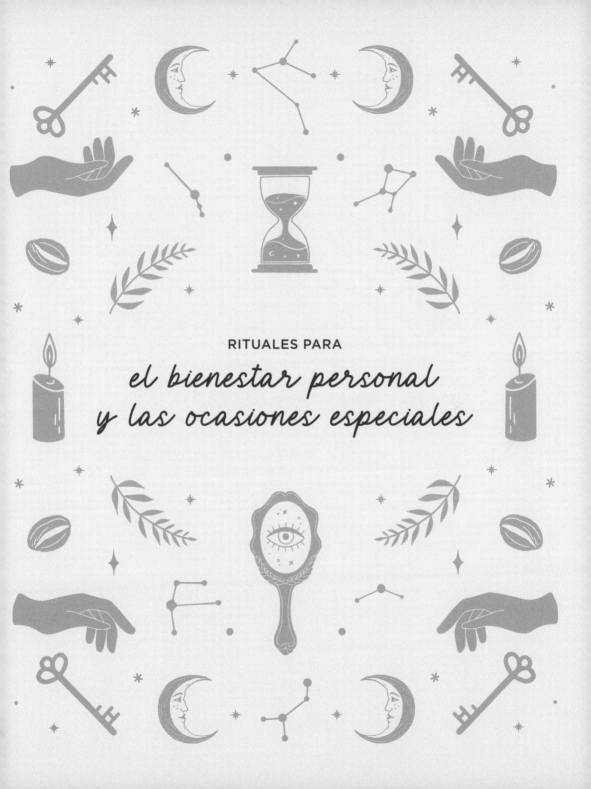

RITUALES PARA

el bienestar personal
y las ocasiones especiales

Es posible que nuestro mayor interés se centre en otro tipo de propósitos cuando decidimos hacer uso de los rituales mágicos; pero, como he comentado en los consejos anteriores, sentirse bien con uno mismo y saberse merecedor de lo que se quiere conseguir es el paso previo más importante. De ahí la importancia de abrir este recetario de rituales para la felicidad con aquellos que están centrados en el bienestar personal.

Una vez alcanzados esos sentimientos y esas emociones propicias, el resto de los rituales serán mucho más efectivos y se podrá disfrutar aún más de ellos. Como siempre digo: no hay que tener prisa y se debe gozar con cada pequeño peldaño que subamos en la escalera del crecimiento personal. Despacio, firmes y seguros. Lo primero es la salud mental y emocional; luego, que llegue todo lo demás.

También he querido destacar algunos rituales para fechas y ocasiones especiales, puesto que dichos momentos son la llave que abre las puertas de la felicidad más inmediata.

RITUAL DE LIMPIEZA ENERGÉTICA EXPRÉS

Es probable que en más de una ocasión necesites hacer una limpieza energética de tu hogar. Visitas pesadas, energías que se arrastran desde otros lugares, tus propios pensamientos... Hay multitud de circunstancias que pueden hacer que sea necesario un «reinicio» de urgencia; para ello, nada mejor que usar la sencillez de la magia natural. Ritual fácil y muy efectivo.

Ingredientes

• Vinagre
• Sal gruesa
• Limón
• Agua suficiente para poder fregar y limpiar todo el hogar. Si es agua de luna o solarizada, mucho mejor
• Espray difusor

Mejor momento para llevarlo a cabo

Se puede poner en práctica en cualquier momento de urgencia, pero lo ideal es que sea en la fase de luna menguante, por la tarde y mirando hacia el sur mientras se prepara la mezcla (el norte si se está en el hemisferio sur).

Procedimiento

1   Se mezcla todo en el agua que se había preparado, y se pide mental o verbalmente a cada uno de los ingredientes que ejecuten con eficiencia la limpieza con sus grandes propiedades.

2   Se reparte la mezcla entre el cubo de la fregona y un espray difusor o el recipiente adaptado que se vaya a utilizar para hacer la limpieza.

3   Con el preparado ya en el espray, se pulverizan todas las superficies del hogar (techos, paredes, puertas, ropa, suela de zapatos...) y se friega el suelo. Se ha de empezar en el interior de la casa y acabar en la puerta de entrada.

4   Mientras se hace la limpieza se visualiza cómo las energías contraproducentes, convertidas en manchas negras, se deshacen, desaparecen y lo dejan todo radiante y luminoso.

«El poder de la mente es el principal ingrediente y con ella dejo mi hogar reluciente.»

BAÑO PURIFICADOR

Llegar a casa exhausto, estresado y cargado de malas vibraciones puede perjudicar seriamente tu salud, la de tu hogar y la de todas aquellas personas que te quieren y conviven contigo. La mejor solución ante esas situaciones es preparar un buen baño purificador y disfrutar de él, pues permitirá que todas esas tensiones desaparezcan por el desagüe. Recuerda que eres el único dueño de tu bienestar y debes cuidar de él. Por cierto, también resulta ser un baño de lo más propicio como preparación a otros rituales.

Ingredientes

- Una ramita de romero
- Una corteza de limón
- Una ramita de hierbabuena
- Una ramita de canela
- Un saquito de tela o un trozo de tela con cuerda
- Un puñado de sal gruesa

Mejor momento para llevarlo a cabo

Siempre es buen momento para hacer un baño purificador, sin importar en qué posición estén la Luna o el Sol, o en qué punto cardinal se esté.

Procedimiento

1 Se ponen dentro del saco —o, en su defecto, del trozo de tela con cuerda— todos los ingredientes mencionados. Las ramitas de plantas es mejor que estén frescas y recién cortadas o recogidas, ya que sus principios activos serán más potentes. Hay que introducirlas con mucho amor y cariño, pidiéndoles que, por favor, sus energías limpien toda carga energética negativa.

2 Luego se prepara el baño con velas, aromas y una música relajante que guste mucho y haga sentir bien. La bañera se llena con agua caliente y se entra al agua con el saquito de plantas entre las manos. Se cierran los ojos y se deja que la magia de todos los elementos que componen el baño haga su trabajo purificador.

3 Si no se tiene bañera, se puede hacer el preparado en un recipiente con agua caliente y, una vez dentro de la ducha, rociarse desde la cabeza hasta los pies con el preparado. El resto de los pasos (música, velas, aroma...) serían igual.

4 Una vez fuera del baño, se trasladan todas esas sensaciones de bienestar a la vida diaria.

«Con este baño me purificaré y a la naturaleza agradeceré. Mis energías limpias quedarán y con gran calma mi vida transcurrirá.»

Si el baño se va a utilizar como introducción a otro ritual, puede decirse algo así:

«Con este baño me purificaré y para el ritual me prepararé. La luz brillará en mi interior y de sus efectos seré conocedor.»

SAQUITO PARA ELIMINAR LAS MALAS VIBRACIONES

Tal vez seas una persona que prefiera otro tipo de técnicas distintas a los baños a la hora de limpiar energías densas o, probablemente, tengas que recurrir a algo distinto porque vas a estar fuera de casa unos días. Para ello lo ideal es algo que se pueda llevar encima y que sea igual de eficaz que un baño en el propósito de eliminar las malas vibraciones.

Ingredientes

- Unas hojas de albahaca
- Una flor de cardo
- Un cuarzo cristal, no muy grande
- Un saquito de tela de algodón, color negro o, en su defecto, un trozo de tela de ese color y una cuerda para atarla

Mejor momento para llevarlo a cabo

Un martes o sábado de luna menguante, por la tarde y mirando hacia el sur (el norte desde el hemisferio sur).

Procedimiento

1 Se introducen en el saquito —o en la tela— todos los ingredientes, uno a uno, y se pide mentalmente que, con sus maravillosas propiedades mágicas, limpien las malas vibraciones que se tengan y de las que no se sea consciente.

2 Ese saquito se coloca en un lugar que esté cerca durante toda la noche, bien sea bajo la almohada, junto a la mesita de noche, entre las manos..., y, en ese momento, se visualiza cómo las energías densas comienzan a abandonar el cuerpo y son absorbidas por el saquito, como si fuese un extractor de humos o una aspiradora.

3 A la mañana siguiente, esas energías capturadas ya se habrán transmutado en otras más favorables; por lo tanto, lo ideal es ir a un lugar de la naturaleza y, allí, abrir el saquito para liberar las plantas utilizadas y agradecerles su trabajo. El cuarzo se puede limpiar en algún cauce de agua cercana (fuente, río, grifo...) y volver a utilizarlo cuantas veces se necesite. La naturaleza es la mejor aliada en estos casos.

«De mis malas vibraciones me quiero deshacer y con este saquito las haré florecer. La densidad desaparecerá y en su transmutación la naturaleza obrará.»

RITUAL PARA DEJAR MALOS HÁBITOS

Por desgracia, en multitud de ocasiones puedes volcar el malestar emocional en hábitos que no son nada saludables: comida, alcohol, drogas, juego... En esos momentos puedes pensar que son una escapatoria, pero lo único que hacen es convertirte en un esclavo que, aparte de continuar arrastrando ese malestar emocional, ahora también debe cargar con lo que supone vivir condicionado a algo externo.

Ingredientes

- Algunos hilitos de azafrán
- La piel seca de una cabeza de ajo
- Una ramita seca de tomillo
- La piel seca de una cebolla
- Papel y lápiz
- Un recipiente para poder quemar
- Cerillas
- Si se desea, también se pueden usar una o varias hematites, pero no es algo indispensable

Mejor momento para llevarlo a cabo

Para dejar atrás las adicciones, lo ideal es que se haga en luna nueva o menguante, por la tarde-noche y mirando hacia el sur (el norte si se está en el hemisferio sur). Se puede repetir el ritual una vez al mes, hasta que el hábito quede erradicado por completo.

Procedimiento

1 Escribir o dibujar en el papel ese hábito que nos está perjudicando y del que queremos alejarnos. Mientras se escribe o dibuja, es muy importante pensar en el daño tan grande que está suponiendo vivir con esa condena.

2 Poner el papel en el recipiente que se ha preparado para quemar y, una a una, añadir las plantas y las pieles mientras se les pide que, por favor, ayuden con sus energías en la petición de sanación y liberación.

3 Si se van a utilizar hematites, es el momento de cogerlas entre las manos y sentir que su propiedad de aumentar la fuerza de voluntad ya comienza a hacer acto de presencia. Si no se van a utilizar, se puede prescindir de este paso.

4 Se enciende la cerilla y se prende fuego al papel junto con las plantas que se han colocado en el recipiente. Según van ardiendo los elementos, se visualiza cómo ese hábito desaparece y deja paso a una inmensa sensación de bienestar y libertad.

«No esconderé mis emociones en un mundo de adicciones. Con el fuego desaparecerán y lejos de ellas mi mente se quedará.»

RITUAL CONTRA EL MIEDO

Aunque no lo parezca, el miedo puede ser un buen compañero, ya que permite que seas precavido y sensato, pero cuando llega a dominar, paralizar y bloquear, te anula como persona e incita a que cometas actos que, muchas veces, van en contra de tu verdadera forma de ser. Así es como actúa el miedo cuando sus vibraciones no se usan correctamente. Hay que abrazarlo y aprender de él, pero no hay que permitir que te convierta en su esclavo.

Ingredientes

- Una hoja de laurel
- Un lápiz o bolígrafo
- Un molde para hacer cubitos de hielo
- Agua

Mejor momento para llevarlo a cabo

Un sábado de luna menguante, a partir de media tarde o por la noche, y mirando hacia el sur (el norte si se está en el hemisferio sur).

Procedimiento

1 En la hoja de laurel se va a escribir aquello que tanto miedo paralizante provoca, de lo que se pretende liberarse. Antes, es necesario haberse tomado un tiempo para recapacitar y llegar a la verdadera raíz del sentimiento.

2 Se introduce dicha hoja, ya escrita, en el molde para hacer cubitos de hielo y se añade la cantidad de agua necesaria.

3 Mientras se mete en el congelador, se visualiza cómo eso a lo que tanto miedo se le tiene va a quedar frío y paralizado, sin capacidad para actuar y dominar.

4 Una vez que se haya congelado, se toma el cubito de hielo resultante y se coloca sobre una maceta que se tenga en casa; de ese modo, la tierra acabará de sanar ese miedo y lo transformará en serenidad y coherencia. También cabe la posibilidad de tirarlo por el retrete y desecharlo por completo de una forma más rápida, aunque lo aconsejable es utilizar la maceta, ya que así se evita el que vuelva a repetirse.

5 Se pueden crear tantas hojas de laurel escritas como sean necesarias, ya que el miedo, por lo general, nunca viene solo y trae otros miedos de la mano.

«Mi miedo abrazaré y un gran aprendizaje
interiorizaré. Su esclavo dejaré de ser
y con valentía y sensatez actuaré.»

RITUAL PARA ATRAER LA FELICIDAD

La felicidad es un estado, pero también es una actitud y una forma de estar en el mundo. Cambiar la forma de ver las cosas puede ayudarte muchísimo a la hora de alcanzarla y sentirla por completo, pero si le das un toque mágico será aún mucho más fácil y especial.

Ingredientes

- Una vela
- Aceite
- Piel de naranja o mandarina
- Dos hojas de laurel
- Hilo blanco, azul y verde
- Sal
- Un mortero

Mejor momento para llevarlo a cabo

Es conveniente hacer el ritual mirando hacia el oeste, un domingo de luna creciente o llena, al amanecer o a lo largo de la mañana (antes del sol de mediodía).

Procedimiento

1 En un mortero que se tenga en casa, y que a ser posible solo se use para este tipo de ocasiones, se mezclan el aceite, un poco de sal y una de las hojas de laurel cortada en trocitos.

2 Una vez que esté todo triturado, se unta la vela con esta mezcla, se rodea con la piel de naranja por la base y se anuda con los hilos blanco, verde y azul, que ya se habían preparado antes.

3 En el plato que contiene la vela, se esparcen alrededor la sal y la otra hoja de laurel troceada.

4 Se enciende la vela con una cerilla de madera y se visualiza que la luz que desprende ilumina el corazón y propicia la alegría.

5 Quedarse unos minutos sentado frente a la vela mientras esta arde facilitará el proceso del ritual. Transcurrido ese tiempo, se deja consumir por completo en un lugar seguro de la casa.

«Cuando la felicidad está presente,
de la amargura dejamos de estar pendientes.
Que la luz ilumine mi corazón y atraiga
la felicidad como si yo fuese una estación.»

RITUAL PARA ELIMINAR PREOCUPACIONES

Confiar en ti mismo es el mayor antídoto contra la preocupación; pero cuando esa confianza falla y surge algún pequeño contratiempo, este acaba por convertirse en una carga en tu mente. Hasta ahí todo puede parecer relativamente normal —si se tiene en cuenta la gran cantidad de estrés que sufre la sociedad actual—; pero, cuando empiezas a dar demasiada importancia a ese sentimiento, pasa a convertirse en un problema que te limita y te hace sentir infeliz. No te preocupes y ocúpate.

Ingredientes

- Una jarra de cristal con agua
- Una piedra o algún pequeño cuarzo de color blanco o amarillo
- Un lápiz

Mejor momento para llevarlo a cabo

Al querer eliminar algo de la vida, lo ideal es que se haga un martes de luna menguante, por la tarde y mirando hacia el sur (al norte desde el hemisferio sur).

Procedimiento

1   Se dedica un tiempo a meditar y pensar en cuál es esa preocupación que está a punto de convertirse en un problema; se ha de intentar centrarse solo en una de las que se tengan. Es muy importante aprender a priorizar, tanto en objetivos como en asuntos por atender.

2   Se coge la piedra y se escribe en ella esa preocupación que se ha priorizado. Mientras se hace, se recuerda la gran angustia que está provocando en el día a día.

3   Se introduce en la jarra y se visualiza que un remolino de agua envuelve la piedra y deshace la preocupación que se había anotado. También se comienza a sentir la liberación que supone desprenderse de ella.

4   La jarra con agua puede vaciarse en alguna maceta que se tenga en casa, ya que las plantas, con sus maravillosas propiedades, terminarán de purificar y sanar dicha preocupación.

5   La piedra puede dejarse unos dos o tres días sobre la tierra de la maceta y así también se limpiará de la carga energética que había adquirido en el ritual.

«Las preocupaciones no me limitarán y,
de esa forma, me dejarán actuar.
La confianza en mí recuperaré y con el amor
del agua mi problema desharé.»

RITUAL PARA ELIMINAR EL SUFRIMIENTO

El sufrimiento es agotador, se presente por la causa que se presente. No solo sufres por el bienestar de los hijos o los familiares cercanos, también sufres por el mundo en general y los acontecimientos que ocurren a lo largo y ancho del planeta. Es imposible observar cómo alguien padece una situación traumática y que no te sientas angustiado por ellos, sobre todo cuando se trata de seres más vulnerables. ¿Lo ideal? Transformar ese sufrimiento en deseos y fuerzas para que puedas luchar por un mundo mejor y más tranquilo (aunque suene a utopía, es un objetivo para muchas personas).

Ingredientes

- Una cucharada de aceite vegetal
- Una vela de color blanco
- Una aguja o punzón para poder grabar en la vela
- Unas hojas y flores de lavanda

Mejor momento para llevarlo a cabo

Un viernes de luna menguante, al atardecer y mirando hacia el oeste será el momento perfecto para poner en práctica este ritual.

Procedimiento

1 Con la aguja o el objeto que se vaya a utilizar, se graban en la vela símbolos o palabras que aporten tranquilidad y seguridad, como pueden ser «paz» o «amor». Hay que dedicar un momento a pensar en cuáles serían las más eficaces, dependiendo de cómo lleguen al corazón.

2 Con mucha delicadeza, se unta la vela con el aceite y se coloca sobre un plato o el utensilio que se vaya a emplear para sujetarla. Entonces, se ponen las flores y hojas de lavanda alrededor de la vela y se cierra la circunferencia por completo. Un círculo perfecto de armonía.

3 Se respira hondo y profundo, se piensa en aquello que tanto sufrimiento provoca y se enciende la vela; se visualiza cómo la luz de su llama ilumina la oscuridad que produce ese sentimiento y, en su partida, deja paso a un estado de mayor tranquilidad y optimismo.

4 Se deja consumir por completo, y si la cera de la vela no ha cubierto del todo las plantas, estas pueden usarse en un baño relajante que complemente el ritual.

«Respeto la oscuridad, pues es de vital necesidad; pero para poder caminar, mis pasos quiero iluminar.»

RITUAL PARA ELIMINAR MALOS RECUERDOS

Es inevitable que a lo largo de tu vida ocurran hechos desagradables, puesto que forman parte de tu crecimiento y aprendizaje. Pero no solo se aprende de las desgracias —sería injusto y nada cierto relacionar la evolución con algo que debe pasar por un estado previo negativo—, sino que también se aprende de las alegrías y victorias. No lo olvides. No obstante, en la mayoría de los casos son los recuerdos dolorosos los que no se acaban de superar y terminas arrastrándolos cada día como si de una mochila cargada de piedras se tratase. ¡Es momento de que les digas adiós de una vez para siempre!

Ingredientes

- La piel seca de un limón
- Cerillas
- Un bolígrafo
- Aceite
- Un recipiente para quemar

Mejor momento para llevarlo a cabo

Al querer dejar atrás algo, el mejor momento para ponerlo en práctica es un martes o viernes de luna menguante, al anochecer y mirando hacia el sur (el norte desde el hemisferio sur). Se puede hacer tantas veces como sea necesario, pero hay que dejar un margen de un ciclo lunar completo entre ritual y ritual.

Procedimiento

1 Se deben tomar unos minutos para pensar muy bien cuál es ese recuerdo tan desagradable o doloroso que se lleva arrastrando durante tanto tiempo y del cual se quiere prescindir. Quizá haya más de uno, pero lo ideal es utilizar tan solo un recuerdo por cada ritual que se practique.

2 Una vez que se tenga muy claro, se escribe en la piel del limón un pequeño recordatorio de todo lo acontecido.

3 Se coloca la piel en el recipiente que se ha elegido para poder quemar y se unta con un poquito de aceite, que, en esta ocasión, ejercerá el papel mágico de sanador de heridas.

4 Con las cerillas se prende fuego y se visualiza cómo ese mal recuerdo se esfuma para siempre y deja una gran sensación de paz, tranquilidad y sosiego interiores.

«He de salir de la oscuridad
y ver amanecer me aportará vitalidad.
De los malos recuerdos me quiero deshacer
y con los buenos comenzaré a crecer.»

RITUAL PARA EL DÍA DEL CUMPLEAÑOS

Si eres de esas personas que no conceden especial importancia al día de su cumpleaños, cometes un gran error, puesto que las energías que se generan en ese día son las que te acompañarán a lo largo de toda tu revolución solar (periodo comprendido entre un cumpleaños y otro, es decir, un año). Disfruta de tu día. Es solo para ti.

Ingredientes

- Las plantas y el incienso favoritos
- Papel y lápiz
- Cerillas
- Una vela
- Ropa nueva o, si es de segunda mano, que sea la primera vez que se usa
- Una actitud alegre y optimista

Mejor momento para llevarlo a cabo

El día del cumpleaños y su noche anterior.

Procedimiento

1 La noche anterior al cumpleaños se prepara un baño limpiador y purificador con las plantas elegidas (manzanilla, salvia, rosas, caléndula...). No importa cuáles sean, puesto que lo relevante es que esas plantas y flores hagan sentirse bien en el baño y durante su preparación.

2 A la mañana siguiente, ya el día del cumpleaños, se abren los ojos y se dibuja una gran sonrisa en la cara. Es primordial levantarse con una actitud muy positiva, ya que se arrastrará el resto del año.

3 Se emplea ropa nueva o a estrenar, para que se generen vibraciones de cambio y prosperidad.

4 En el papel se escribe, de forma realista, aquella meta o propósito que se quiere alcanzar durante el resto del año. Luego se quema con la vela que se había elegido como la más adecuada (se puede utilizar blanca o del color acorde al propósito que se quiera conseguir).

5 Se deja consumir la vela a lo largo de todo el día y se agradece al universo poder recibir un año más y que haya querido escuchar la petición lanzada.

6 Se disfruta del día y de la compañía de las personas a las que se quiere y se dejan a un lado discusiones, malentendidos y, por supuesto, a personas que no aportan nada a la vida.

«Que la revolución solar comience a girar y que el ciclo de mi vida nunca deje de prosperar.»

RITUAL PARA EL FIN DE AÑO

Quizá para mí las energías que generamos a final de año no sean tan importantes como las del día del cumpleaños o los cambios estacionales; pero no puedo olvidarme de ese día que, a fin de cuentas, no deja de ser especial en la vida (a pesar de que no todo el mundo sigue el mismo calendario ni celebra el fin de año en el mismo instante). Te recuerdo que las nuevas oportunidades comienzan con un primer paso y que toda energía generada en un momento especial (sea en cualquier fecha o celebración) se arrastrará a lo largo de un ciclo completo de, al menos, cuatro meses.

Ingredientes

- Un tazón de arroz
- Una taza de avena
- Un buen puñado de sal gruesa
- Una cucharada sopera de cominos
- Piel de limón
- Piel de naranja
- Canela, en rama o polvo
- Agua, a ser posible de luna o solarizada

Mejor momento para llevarlo a cabo

El día de fin de año.

Procedimiento

1 Se pone a calentar el agua en la olla o cazo que se tenga en casa para este tipo de menesteres. Cuando rompa a hervir, se añaden uno a uno, con respeto y delicadeza, los ingredientes que se habían preparado. Dichos elementos están destinados a generar energías de prosperidad, amor, salud y protección.

2 Una vez que estén dentro, se apaga el fuego, se tapa y se deja reposar durante 30 minutos. Mientras, se puede ir a preparar el baño con luz tenue, velas, aromas, música...

3 Se cuela el preparado mágico resultante y los ingredientes usados se apartan en un plato para agradecer más tarde su «sacrificio» en el ritual.

4 Una vez tomada una ducha normal, se añade al agua del baño el preparado mágico de fin de año y se disfruta plenamente de esos momentos de relajación, calma y bienestar. Si no se tiene bañera, una vez duchado, se puede aplicar el preparado desde la cabeza hasta los pies y visualizar que todas sus propiedades mágicas quedan impregnadas en la piel.

5 Los ingredientes que se habían dejado reservados se depositan en algún lugar de la naturaleza o, si no se tiene ningún lugar cerca, se dejan sobre alguna maceta que se tenga en casa durante al menos todo el día. Pasado ese tiempo pueden tirarse a la basura orgánica.

«Este baño me aportará todo lo que durante un año voy a necesitar.»

RITUAL PARA EL 29 DE FEBRERO

Un día que tan solo cuenta cada cuatro años es digno de conmemorar con un ritual especial, pues posee energías únicas que potencian aún más la efectividad de lo que se realice, y todo aquello que sirva para poder beneficiarte es siempre bienvenido en mi mundo mágico, que ahora es el tuyo también. Todo movimiento genera un cambio.

Ingredientes

- Tres llaves (no importa que sean antiguas y ornamentadas o actuales y sencillas)
- Un trozo de cinta o cuerda

Mejor momento para llevarlo a cabo

El día 29 de febrero, a ser posible por la mañana y mirando hacia el este.

Procedimiento

1 Se pasa la cinta por el hueco de la primera llave, que representa el pasado, y se visualiza cómo dicho pasado sana de cualquier tipo de herida o dolor emocional.

2 Después se pasa la cinta por la segunda llave, que representa el presente, mientras se visualiza cómo el sentimiento de protección y felicidad envuelve todo el cuerpo y alimenta el alma.

3 Para terminar, se pasa la cinta por la tercera llave, representante del futuro, y se visualiza cómo esa llave abre la puerta de las nuevas oportunidades y una nueva forma de vida más próspera y saludable.

4 Luego pueden colgarse en un lugar de la casa donde se sientan cerca y puedan observarse a menudo para, de ese modo, no olvidar que la vida ya está mucho mejor de lo que estaba antes y que aún sigue en proceso de mejorar más.

5 Lo ideal es que, justo después de crear el ritual, se anote en una libreta o diario cómo es la vida actual y, cuando pasen cuatro años, en el siguiente 29 de febrero, se lea lo escrito para ver cómo ha cambiado la vida.

«El pasado queda sanado, el presente alimenta mi mente y el futuro no me supondrá ningún sulfuro. Con las llaves queda sellado el ritual y no me olvidaré de ellas colgadas en este lugar.»

RITUAL PARA CELEBRAR EL NACIMIENTO DE UN BEBÉ

Traer vida a este mundo es la mayor magia que se puede realizar y, como consecuencia, el sentimiento de felicidad generado es inmenso e inigualable. Para celebrarlo, nada mejor que un ritual de agradecimiento a la naturaleza y al universo.

Ingredientes

- La placenta o parte de ella (para eso es imprescindible decir en el hospital que quieres quedarte con ella). En su defecto, también puede utilizarse, cuando se le caiga, el cordón umbilical del bebé
- Las semillas de algunas flores que te gusten mucho
- Una pala pequeñita
- Una mantita para poder poner al bebé en el suelo
- Elegir un lugar especial en la naturaleza donde se quiera celebrar el ritual

Mejor momento para llevarlo a cabo

Cualquier momento es bueno para celebrar una nueva vida; por lo tanto, lo ideal es elegir una fecha en la que sea posible desplazarse al lugar escogido, sin prisas ni compromisos que te hagan sentir estresado. La orientación más apropiada es el este, pues de allí nacen el sol y la luna.

Procedimiento

1 Una vez elegido el lugar de la naturaleza y el día adecuados, es preciso desplazarse hasta allí con todo lo necesario para poner en práctica el ritual. Lo aconsejable es que en ese lugar haya árboles y no sea un paraje bajo protección medioambiental, ya que habrá que hacer un agujero en la tierra.

2 Con mucho respeto y sin dañar la flora de alrededor, se hace un agujero en el lugar elegido y se coloca en él la placenta o el cordón.

3 A su lado se pone la mantita en el suelo y se tumba al bebé en ella. Entonces, se echan en el agujero las semillas que se habían preparado, junto a la placenta o el cordón, y también alrededor del bebé, rodeándolo con un círculo.

4 Se cubre el agujero con tierra mientras se visualiza cómo la naturaleza abraza al bebé y le brinda su bendición y protección.

5 Se riega la zona donde se han plantado las semillas y se agradece al universo la nueva vida que ha llegado.

«Al universo agradeceré esta nueva vida que acaba de nacer. La naturaleza lo protegerá y en respeto y armonía garantizo que crecerá.»

RITUAL PARA DESPEDIRSE
DE UN BEBÉ NO NACIDO

No hay nada más doloroso en el mundo que perder un bebé, bien sea en tu vientre o una vez nacido y tras haber podido disfrutar del contacto de su piel. Es algo que jamás olvidarás y que, por mucho que intentes que sea fácil, siempre cuesta superar. Una correcta despedida de mamá y papá pueden ayudar con ese duelo.

Ingredientes

- La más pura y sincera conexión con el corazón
- Una vela
- Una o varias hojas secas de árbol y sobre las cuales se pueda escribir
- Algún objeto que se tuviera preparado para el bebé e incluso su ecografía

Mejor momento para llevarlo a cabo

Siempre es un buen momento para realizar este ritual y puede repetirse tantas veces como se necesite, hasta sentir un poco de alivio en el dolor. Es aconsejable realizarlo orientados hacia el oeste.

Procedimiento

1 Se busca un momento del día en el que se pueda estar tranquilo, sin interrupciones, con un ambiente agradable y, a ser posible, acompañados por la pareja, pues estando unidos es más fácil sobrellevar el dolor.

2 Se sientan sobre cojines en el suelo —o en un lugar cómodo—, uno frente a otro, y se dedica un momento a cogerse de las manos, a mirarse a los ojos y a decirse el uno al otro lo bien que lo ha hecho como padre o madre, a pesar de que el bebé no haya llegado a nacer.

3 Una vez acabado ese momento de unión entre ambos, se enciende frente a ellos la vela que se tenía preparada y se pone junto a ella el objeto que iba a ser para el bebé (o la ecografía). Se visualiza cómo su alma queda iluminada, libre de sufrimiento y en absoluta paz.

4 En las hojas de árbol se escriben frases como: «Mamá nunca te olvidará», «Papi te lleva en el corazón», «Siempre te amaremos»…

5 Esas hojas se guardan y se lanzan al aire cuando se salga a algún lugar de la naturaleza. Incluso sería fabuloso poder hacer el ritual en algún espacio al aire libre. Mientras el viento las eleva y arrastra, se visualiza que su alma sonríe, se siente amada, segura y feliz de tener unos padres tan maravillosos.

«Nazcas o no nazcas, papá y mamá siempre te amarán. Jamás olvides que sus almas te cuidarán.»

RITUAL PARA DESPEDIRSE
DE UN SER QUERIDO FALLECIDO

Los sentimientos de frustración, ansiedad e incluso culpabilidad afloran cuando no has tenido la oportunidad de acompañar en sus últimos momentos a una persona querida de tu vida; dichas emociones dificultan la superación del duelo por la pérdida. Liberarte del dolor no te hará olvidar a esa persona tan especial, no tengas miedo; tan solo cerrarás ese ciclo de sufrimiento que se ha creado al no poder satisfacer tu necesidad de acompañamiento.

Ingredientes

- Papel y lápiz
- Una gran apertura de corazón
- Contactar con las personas cercanas que también querían a ese ser

Mejor momento para llevarlo a cabo

Siempre que se sienta y tantas veces como se necesite. Si deseas potenciar el interior para que todo fluya mejor, puede realizarse en luna nueva, al ponerse el sol por el horizonte y mirando hacia el oeste.

Procedimiento

1 Escribir una carta de despedida dirigida a esa persona. Dedicar todo el tiempo del mundo para plasmar en el papel lo que de verdad se sienta: momentos alegres vividos juntos, momentos tristes con los que ahora sería ideal reconciliarse, pedir perdón por aquellas cosas que nunca debieron tener importancia, deseos ocultos, rencores... Todo lo que pase por el corazón se expresará de una forma abierta y sincera.

2 Concretar un día y una hora con las personas cercanas para que todas y cada una, desde sus respectivos hogares o en una reunión, enciendan una vela en honor de la memoria de ese ser querido.

3 Aquellos que lo deseen pueden leer algún texto que les gustaría compartir con esa persona y dedicarle unas palabras mientras brilla su luz en la llama de la vela.

4 La carta que se escribió puede enviarse por correo a esa persona, quemarse, reservarse para dejarla en su féretro cuando sea posible visitarlo... Cualquier cosa, pero casi mejor no quedarse con ella, pues ayudará a liberar esos sentimientos.

«Mi vida marcaste con tu presencia, y con esta carta plasmo todo sentimiento de amor y decencia. Mi alma nunca te olvidará, pero del sentimiento de frustración me he de liberar.»

(Al final del libro adjunto una carta de despedida a mi pequeña Irati. Me sirvió de terapia al realizar este ritual. Liberé esos sentimientos en el ritual que llevé a cabo junto con las cenizas de la carta.)

Todo aquel que se debate en los brazos del dolor manifiesta en ese sufrimiento una falta de armonía interna.
Y todo el que se sobrepone al sufrimiento y al dolor
lleva en sí sus frutos y siempre afirmará que, mediante
esos sufrimientos, ha adquirido cierta sabiduría.

RUDOLF STEINER

RITUALES PARA

el amor

El amor es el motor que mueve el mundo; sin él, el sentimiento de felicidad no llegaría a alcanzar la plenitud y existiría un gran vacío interno. Nos sentiríamos como ese hombre de hojalata que andaba buscando un corazón, allá por las tierras de Oz. Hasta él quiso recurrir a la magia.

Cuando hablo de amor no solo lo limito a un amor de pareja o entre personas; no. El amor viste todos y cada uno de nuestros días con sus mejores galas: amor por el trabajo que ejercemos, amor hacia nuestros compañeros del reino animal, amor por la naturaleza, amor a la lectura... Pero, sobre todo, el más importante con diferencia es el amor propio. Cuando nos amamos y respetamos, todo a nuestro alrededor cambia a mejor, pues ya no importan muchas contrariedades que antes dolían; ya no hay miedo a mostrarse al mundo tal y como se es y reconocer los errores cuando se cometen; y, cómo no, ya no se siente la necesidad de estar con nadie para ser feliz. Ya se es, y si esa persona ha de llegar a la vida será para hacer compañía a la propia felicidad, no para crearla.

Amarse para ser amado. Esa es la clave.

Nota: los rituales de amor NUNCA deben ponerse en práctica para conseguir el enamoramiento o acercamiento de una persona en concreto.

RITUAL PARA ATRAER EL AMOR

Quizá sueñes con tener a tu lado a una persona especial que te ame y respete tanto como tú lo haces. Un compañero de camino, al que el hecho de caminar junto a ti le parezca la idea más maravillosa del universo. Alguien con quien compartir risas, llantos, aventuras y, por qué no, también alguna que otra travesura. Un espíritu afín al tuyo, con el que disfrutar al máximo compartiendo tu felicidad. Pues no sueñes más con ello y llámalo.

Ingredientes

- Un tomate
- Un bol de agua
- Una maceta con tierra
- Pétalos de margaritas o rosas

Mejor momento para llevarlo a cabo

Un viernes de luna creciente o llena, al amanecer y mirando hacia el oeste.

Procedimiento

1 Se corta el tomate en rodajas horizontales mientras se visualiza cómo se eliminan de esa forma las posibles cadenas o lazos existentes hacia otras relaciones pasadas. Siempre suelen dejar algún tipo de vínculo o unión que acaban por limitar en cierta manera la llegada de un nuevo amor.

2 Se introduce una de esas rodajas de tomate en el bol de agua y se añaden los pétalos de flores. Se dejan ahí durante toda la noche, para que reciban la luz de la luna en la medida de lo posible.

3 A la mañana siguiente, se plantan las rodajas de tomate en el macetero con tierra mientras se visualiza cómo el amor brota como las semillas y acompaña en la felicidad de la vida. Se riega con delicadeza con el agua que contiene el bol.

4 Para terminar, se cuida y mima como cualquier otra planta de casa. No es necesario que brote ninguna semilla de la maceta para que el ritual surta efecto, y puede repetirse el ritual cada dos ciclos lunares completos.

«Las semillas del amor he plantado y según crezcan aparecerá alguien que quiera caminar a mi lado. El respeto reinará y la felicidad florecerá.»

65

RITUAL PARA OLVIDAR A UN AMOR

Dicen que el mal de amores es de los peores males que sufre el ser humano, y en cierto modo es así. Aunque tengas la autoestima y el amor propio en un estado óptimo, hay momentos en los que te puedes sentir morir cuando ves que la relación que mantenías con otra persona llega a su fin. Lugares, recuerdos, añoranzas... La mayoría de las veces, el corazón y la mente no llegan a asimilarlo de una forma rápida y óptima, y se sufre; se sufre muchísimo. Pero debes tener claro que el mejor amor es aquel que sabe adaptarse y liberarse.

Ingredientes

- Flores de pasiflora, rosa o jazmín
- Un lugar en la naturaleza donde haya agua, ya que es el elemento vinculado al amor. Si no se puede salir de casa por cualquier motivo, puede utilizarse la bañera o una olla
- Muchas ganas de querer transformar esa dependencia afectiva en algo más sano y amistoso

Mejor momento para llevarlo a cabo

Como lo que se quiere es eliminar algo —en este caso un sentimiento—, el mejor momento es un viernes de luna menguante, justo antes de la luna nueva y mirando hacia el sur (el norte si se está en el hemisferio sur).

Procedimiento

1 Se visualiza a esa persona sentada justo al lado; incluso con las manos cogidas de forma respetuosa y amistosa. No hay que olvidar que en las visualizaciones hay que sentir de forma real; por lo tanto, hay que sentir de verdad que se está junto a esa persona.

2 Se dice en voz alta una frase como la que cierra este apartado.

3 Entonces se lanzan las flores al agua y se vuelve a decir algo así: «Estas flores de amor y pasión darán paso a otra nueva relación entre tú y yo. Lejos de querer volver a ser pareja, lo que quiero es que la amistad nos proteja».

Se visualiza cómo esa persona sonríe, cómo el corazón queda libre de las ataduras de ese amor pasado, y hay una despedida con un cariñoso abrazo. Luego cada uno partirá por un camino distinto, pero con un gran sentimiento de liberación.

«Agradezco los momentos que hemos pasado; lo bueno vivido y lo malo aprendido. Respeto la decisión de haber terminado y, desde aquí y ahora, mi corazón de tu amor queda liberado.»

RITUAL PARA AUMENTAR LA SEGURIDAD EN UNO MISMO CON EL ESPEJO

No es posible que confíes en los demás si no confías en ti mismo, al igual que tampoco puedes amar a nadie si no te amas ante todas las cosas. La autoestima es tan importante como delicada, así que es de vital importancia mantenerla en un estado óptimo y de absoluta salud y respeto. Es fundamental para tu propio bienestar y, en consecuencia, para tu felicidad.

Ingredientes

- Un espejo de mano
- Un cuaderno donde poder anotar las sensaciones, y un lápiz
- Ganas de querer sentirse bien
- Paciencia y mucho amor

Mejor momento para llevarlo a cabo

Todo momento es bueno para querer sentirse bien con uno mismo; pero cuando hay luna nueva la conexión con nosotros mismos se amplifica. La mejor hora del día es por la mañana al levantarse y por las noches antes de dormir, a ser posible, mirando hacia el oeste.

Procedimiento

1 Cada día, al levantarse y antes de acostarse, se busca un lugar tranquilo en el que se esté cómodo y relajado. Se toman unos minutos para desconectar de los quehaceres diarios e incluso sería recomendable darse antes un baño purificador. Se coge el espejo de mano y se coloca frente a la cara, con cariño y firmeza a la vez.

2 Se respira profundo mientras se mira fijamente a los ojos, intentando no apartar la mirada.

3 Se mantiene la mirada fija en los propios ojos y se dejan fluir las emociones y sensaciones, sean cuales sean. Las que sean negativas se visualizan como globos de helio que se escapan del propio cuerpo, y las que sean positivas se abrazan como si fuesen un enorme oso de peluche.

4 Transcurridos algunos minutos (unos 5 o 10 cada vez), se coge el cuaderno y se anotan todas las sensaciones que se han tenido durante el ejercicio. Las emociones negativas, en la parte inferior del papel, y las positivas, en la superior para que sean lo primero que se lea nada más abrir las páginas.

5 Poco a poco, según se vaya realizando el ejercicio, se sentirá mayor relajación, amor, comprensión y respeto por uno mismo; y una buena forma de comprobarlo es ir leyendo las distintas páginas escritas en cada sesión, puesto que será más fácil ver la progresión.

«Confiar en mí es primordial porque sin ello jamás podré amar. Al espejo miraré y así mi alma sanaré.»

RITUAL PARA TENER BUEN SEXO

Uno de los momentos donde mayor intercambio energético se produce es durante el sexo; por lo tanto, si quieres que esas energías que entran y salen de ti sean lo más beneficiosas posible, es fundamental que ese momento de sexualidad sea placentero al cien por cien. Una sexualidad sana es necesaria para integrar y canalizar energías.

Ingredientes

- Una cucharadita de maca triturada
- Una raíz de jengibre
- Un cuchillo
- Una rama de canela
- Una gema de color rojo
- Papel y lápiz

Mejor momento para llevarlo a cabo

Lo ideal es una noche de luna llena (mejor si es martes) y mirando hacia el sur (el norte desde el hemisferio sur); pero se puede poner en práctica cada vez que se tenga la intención de mantener relaciones sexuales (y no se haya querido reservar bajo la cama el resultante del ritual hecho con anterioridad).

Procedimiento

1 En el papel se escribe la palabra PLACER y se visualizan en todo momento las sensaciones que produce esa sensación en la mente, el cuerpo físico y el organismo en general. Después se coloca sobre un plato o recipiente.

2 Se coge la raíz de jengibre y, con el cuchillo, se hacen tres perforaciones del tamaño de una moneda de 5 céntimos: una arriba (correspondiente a la cabeza), otra en el centro (que representa el corazón) y otra abajo (por los genitales). Luego se coloca sobre el trozo de papel.

3 Dentro de esos agujeros se introduce la maca triturada, que también se espolvorea alrededor del jengibre formando un círculo que lo envuelva, proteja y potencie.

4 Se rompe en trocitos la rama de canela y también se esparce alrededor de la raíz de jengibre, siempre con sumo respeto y cuidado.

5 Se coloca el plato bajo la cama o en el lugar donde se tenga planeado pasar el momento sexual placentero, y se deja durante un máximo de dos semanas. Pasado ese tiempo, si se quiere, se puede repetir el proceso.

«El placer es mi aliado y disfrutaremos juntos como seres de fuego y alados. Las energías libremente fluirán y solo pensaremos en gozar.»

RITUAL PARA ELIMINAR LOS CELOS

Al contrario de lo que mucha gente pueda creer, el amor es un sentimiento incompatible con la posesión, y los celos son como enormes cadenas de las que hay que liberarse antes de que te hundan en el fondo del océano. Amar desde la confianza —en el otro y en ti mismo— es la forma sana y correcta de disfrutar de una relación. Como no se debe utilizar la magia sobre otras personas, este ritual está orientado a eliminar los celos que uno mismo pueda llegar a sentir, para poder liberarse de ellos.

Ingredientes

- Una piedra
- Pimienta negra molida
- Siete velitas pequeñas
- Un lápiz
- Un trozo de cuerda o hilo

Mejor momento para llevarlo a cabo

Un martes o sábado de luna menguante, al anochecer y mirando hacia el sur (el norte desde el hemisferio sur).

Procedimiento

1 En la piedra se hace un dibujo representativo de uno mismo o se escribe el nombre. Se visualiza cómo esa piedra simboliza el gran peso que supone sentir celos por otra persona o hacia otra persona. Se toman unos minutos para sentir esa carga en el pecho y en la mente.

2 Se ponen las siete velas alrededor de la piedra y se hace un círculo con la pimienta molida, quedando las velas y la piedra en el interior de dicho círculo. Es muy importante imaginar cómo la luz de las velas aporta claridad a la oscuridad de los celos y el círculo de pimienta deshace todo sentimiento negativo que quiera escapar de esa luz para hacer que se reincida en ese estado.

3 Una vez consumidas las velas, se ata la piedra con la cuerda que se tenía preparada y, cuando se vaya a algún lugar con agua (río, mar, estanque, lago...), se arroja a su interior y se visualiza cómo el agua sana los sentimientos del propio interior y libera de los celos.

«La tormenta de los celos no me dominará y del fondo del océano mis emociones escaparán. Amar desde el corazón es confianza y comprensión, y desde el día de hoy amaré sin obsesión.»

SACO ANTIENVIDIAS

La envidia es uno de los grandes males de la condición humana y, por desgracia, generalmente proviene de personas cercanas a las cuales tienes un cierto cariño, situación que lo convierte en algo aún más tortuoso y dañino. Por eso mismo, llevar cerca de ti un saquito que aleje las envidias te ayudará a prevenir un mal mayor en tu día a día.

Ingredientes

- Un saquito de tela, a ser posible de color blanco o negro
- Un puñado de sal gruesa
- Un diente de ajo
- Una ramita de tomillo o romero
- Alguna amatista o turmalina negra (opcional)
- Algún símbolo que se conozca y que esté vinculado a la protección (alguna runa, tipo Algiz, una cruz de Caravaca, símbolos de Reiki...); este punto también es opcional

Mejor momento para llevarlo a cabo

Un martes, sábado o domingo de luna creciente o llena, a mediodía y mirando hacia el sur (el norte desde el hemisferio sur) o el oeste.

Procedimiento

1 Se preparan todos los ingredientes y, uno a uno, se introducen en el saquito de tela. Es muy importante que, mientras se hace, se visualice cómo un haz de luz poderosa los envuelve todos y cada uno de ellos. Dicha luz será la gran protección.

2 Se cierra el saquito y ya está listo para usarse. Puede llevarse en el bolso, bolsillo, en la cunita o el carricoche del bebé, en algún lugar del trabajo, etc. Allá donde esté ejercerá su poder protector y repelente de envidias, lo que suavizará el ambiente.

3 Como el ajo suele oler bastante, se puede utilizar un doble saco de tela o, en su defecto, envolver dicho ajo con una telita más pequeña (nunca plásticos, por favor). Puede hacerse uno nuevo cada mes; se desecharán a la basura orgánica todos los elementos del antiguo saquito y se evitará tocarlos con las manos.

«Los sentimientos de envidia se van a disolver y un ambiente confortable lo va a suceder.»

RITUAL PARA CORTAR LAZOS TÓXICOS

Puede que no seas consciente, pero algunas veces te puedes aferrar tanto a estar con alguien que acaban por crearse unos lazos que se transforman en tóxicos y perjudiciales. Sientes que necesitas estar junto a esa persona —bien sea pareja, amigo o familiar—, y acabas por convertirlo en una adicción que genera daño, dependencia, posesión e infelicidad. Lo único que se puede hacer entonces es cortar dichos lazos de toxicidad. Eso no supone perder la relación con la persona, sino tan solo esa parte oscura que te estaba dominando.

Ingredientes

- Ser capaz de identificar esos lazos y poseer el coraje y la decisión de querer acabar con ellos
- Ejercer la madurez mental y decidir vivir en amor y libertad junto a esa persona, sin el daño que puede hacer estar sometido a la necesidad

Mejor momento para llevarlo a cabo

Lo ideal es ponerlo en práctica un viernes de luna menguante, al anochecer y mirando hacia el oeste. Puede realizarse tantas veces como se necesite hasta quedar liberado por completo.

Procedimiento

1 Elegir un momento del día en el que se esté solo, tranquilo y relajado, sin que nadie pueda interrumpir el ejercicio.

2 Darse un baño purificador, vestirse con ropa cómoda y sentarse en una postura en la cual se pueda entrar en un estado meditativo y de máxima conexión interior.

3 Visualizar delante a esa persona con la que se tiene creada la dependencia y también los lazos que unen dichos cuerpos: de cabeza a cabeza, de corazón a corazón, de manos a manos y de pies a pies. (También se pueden visualizar como cadenas, pero en forma de lazos será más fácil el siguiente paso.)

4 Continuar imaginando, pero esta vez el momento de la liberación, donde los lazos se cortan. No importa de qué forma se haga, puesto que lo importante es que esos lazos se rompan y se le diga a la otra persona que se la quiere y que, desde ese momento, quedan liberados para amarse con respeto y sin dependencia.

5 Visualizar cómo esa persona se levanta y se marcha de la estancia, agradecida por la liberación. Amar no es poseer, sino compartir.

«De esta condena me desharé y libre para amarte quedaré. La atadura de mi corazón se romperá y desde ese momento este con respeto te tratará.»

RITUAL PARA CORTAR AMARRES

Los amarres amorosos son aberraciones que las personas inseguras y frustradas utilizan para someter a alguien con sus falsos «encantos amorosos». Esos actos están cargados de suma maldad, puesto que una persona que te quiera poseer y utilice todo tipo de artimañas para ello en realidad no puede quererte. Esos amarres llegan a anular por completo tu propia personalidad y a afectar seriamente a tu día a día. Tu salud emocional, sentimental e incluso la integridad física se ven anuladas y no queda más remedio que cortar para liberar y recuperar el dominio de tu vida.

Ingredientes

- Dos velas y cerillas
- Una aguja o algún objeto punzante con el que poder grabar sobre las velas
- Una ramita de orégano fresco
- Medio tomate rallado
- Hilo blanco, verde y negro
- Bicarbonato sódico
- Un mortero

Mejor momento para llevarlo a cabo

Un viernes de luna menguante, por la noche y mirando hacia el sur (el norte desde el hemisferio sur). Puede repetirse tantas veces como sean necesarias hasta que el amarre quede disuelto.

Procedimiento

1 En una de las velas se graba el nombre propio, y en la otra, el nombre de esa persona hacia la que se siente «amarrado». NUNCA utilizo nombres de otras personas, pero en esta ocasión hago una excepción, ya que la magia no será hacia esa persona, sino hacia uno mismo. Dicha persona no se verá manipulada en ningún momento, solo afectará a los lazos de amarre que se han creado.

2 Se une la parte superior de ambas velas con el hilo negro, que representará los lazos mentales; la parte central, con el hilo verde, encargado de representar los lazos del corazón; y con el hilo blanco, la zona inferior, que representará el resto de los lazos que puedan quedar.

3 Con el mortero se mezclan con absoluto respeto el orégano y el tomate triturado. Se frotan ambas velas con el resultante de la mezcla y, luego, se rodean con el bicarbonato.

4 Mientras se encienden las dos velas, se visualiza cómo se cortan dichos lazos y desaparece el amarre. Se dejan consumir por completo y sus restos pueden desecharse en la basura orgánica.

«Las cuerdas que me amarran a ti van a desaparecer y jamás me volverán a poseer. Protegido me sentiré y en tus fauces ya nunca caeré.»

RITUAL PARA ENCONTRAR AL AMOR DE TU VIDA

Cuando te sientes bien y pleno, quieres compartir ese bienestar con los demás y, aunque te encuentres satisfecho y seguro en tu soledad, tarde o temprano deseas andar el camino de tu vida con ese compañero de viaje afín a ti, junto con el que te gustaría envejecer. Un paseo juntos, pero cada uno por su propio camino.

Ingredientes

- Una cucharada de aceite de oliva
- Una ramita de orégano fresco
- Canela en polvo
- La cáscara de un plátano
- Un mortero
- Un trozo de cuerda o cualquier otro elemento natural que se pueda utilizar para atar

Mejor momento para llevarlo a cabo

El mejor momento sería un viernes de luna creciente o llena, al amanecer o a media mañana, y mirando hacia el oeste. Lo ideal es realizarlo en un lugar cercano al agua (mar, río, lago, fuente, estanque...), pero, si no se puede, también es posible hacerlo con un vaso de agua cerca.

Procedimiento

1. En el mortero se hace una mezcla con el aceite de oliva, el orégano y la canela. Se tritura despacio, siendo consciente y sintiendo las propiedades de cada uno de los elementos.

2. Se extiende la cáscara de plátano y se unta la mezcla sobre ella. Después se enrolla mientras se visualiza, sin poner la intención en nadie en concreto, a esa persona maravillosa, que ama y respeta desde la libertad y la individualidad.

3. Se ata con un trozo de cuerda natural y el paquetito resultante se deja flotando en el lugar con agua donde se encuentre realizando el ritual o, en su defecto, dentro del vaso de agua que se tenía preparado y hasta que pueda ser lanzado a un lugar con agua de la naturaleza.

«Compañero de viaje, ven a mi vida, quiero hacerte partícipe de mi propia alegría. Nuestros caminos individuales juntos andaremos y de la mano jamás nos soltaremos.»

73

RITUAL PARA UN MATRIMONIO O UNIÓN SENTIMENTAL FELIZ

Unos de los días en los que más rituales se realizan es, sin duda, en las bodas y uniones sentimentales. Si dentro de poco vas a enlazar tu vida de forma legal o simbólica con una persona especial, este ritual os permitirá crear unas energías de absoluta felicidad que os acompañarán hasta que vosotros mismos decidáis no seguir aceptándolas.

Ingredientes

- Un puñado de arroz
- Algunos copos de trigo
- Pétalos de rosa
- Una copa de vino tinto
- Un vaso de agua

Mejor momento para llevarlo a cabo

No es necesario que se haga el día de la boda, ya que no todo el mundo tiene por qué querer una unión firmada a efectos legales. Puede ser en cualquier momento de la relación, e incluso todas las veces que se desee.

Procedimiento

1 En un momento en el que se pueda estar en intimidad y a solas, se ponen uno frente al otro, se toman de las manos, se miran a los ojos y permanecen así unos instantes, disfrutando de la conexión entre personas especiales.

2 Se coloca el vaso de agua entre ambos, cogen cada uno un puñado de arroz y lo añaden al agua mientras se dicen unas palabras como las que cierran este apartado.

3 Luego, en el vaso de vino, una de las partes agrega el trigo (a ser posible en copos) y la otra, los pétalos de rosa, mientras dicen algo así: «Esta copa protegerá nuestra unión y la relación prosperará. Uno al lado del otro caminará y nuestros corazones bendecidos se sentirán».

4 Para finalizar, ambas partes toman un trago de la copa de vino y el resto se vierte en algún lugar de la naturaleza.

«Nuestro amor es fértil y transparente como la unión de estos dos ingredientes.»

RITUAL PARA SUPERAR UNA SITUACIÓN DOLOROSA CON TU PAREJA O AMIGOS

En toda relación, bien sea amorosa, familiar o amistosa, es inevitable vivir alguna que otra situación espinosa, pero al tratarse de personas tan cercanas e importantes en tu vida lo mejor es sanar cuanto antes ese dolor. No eres merecedor de ir arrastrando esa condena más allá del tiempo necesario, pues sabes que tiene su antídoto.

Ingredientes

- Unas ramitas de perejil
- Una cucharada de miel
- La hoja de alguna planta que sea lo bastante grande para escribir en ella (poto, álamo...)
- Hilo de color blanco
- Azúcar moreno

Mejor momento para llevarlo a cabo

Un viernes de luna menguante, al atardecer y mirando hacia el oeste.

Procedimiento

1   En la hoja de planta que se ha elegido se escribe aquella situación dolorosa que se quiere superar. Lo ideal es dedicar unos minutos a ello y recordar intensamente la emoción que se ha sentido con lo ocurrido para, de ese modo, poder liberarla al ser consciente de ella.

2   Dentro de esa hoja ya escrita, se ponen una cucharadita de miel y un poquito de azúcar moreno. Mientras se añaden, se debe visualizar cómo esa situación complicada cada vez afecta menos, hasta el punto de que no causa ningún tipo de dolor cuando se recuerda. Se dulcifica.

3   Se enrolla muy despacio la hoja con el hilo blanco, junto con las ramitas de perejil. Se deja en un lugar donde corra el aire (que no esté encerrado, para evitar pudrición) y, cuando estén secas por completo las ramitas de perejil y la hoja, se queman. De esa forma quedará superado ese dolor angustioso.

«Las situaciones espinosas voy a dulcificar para esos hechos dolorosos poder superar.»

RITUAL PARA ATRAER LA AMISTAD SINCERA Y VERDADERA

«Quien tiene un amigo tiene un tesoro», dice el refranero tradicional, y así es. La familia sanguínea es algo que eliges antes de nacer, tomando como referencia el aprendizaje que tengas que cumplir, pero la familia que conformas con los amigos es la verdaderamente elegida, de forma espontánea. Son tu nueva familia.

Ingredientes

- Miel
- Anís en grano
- Pétalos de flores
- Una vela
- Cerillas

Mejor momento para llevarlo a cabo

Un viernes, al atardecer, con luna creciente o llena, mirando hacia el oeste y, a ser posible, durante los equinoccios (primavera y otoño).

Procedimiento

1 Se coge un poco de miel con una cucharita de madera y, con cuidado, se esparce por toda la superficie de la vela. Se espolvorean los granitos de anís, que se quedarán pegados, sobre ella, y se colocan los pétalos de flores alrededor, una vez que esté sobre el platito o superficie que se vaya a utilizar como soporte para la vela.

2 Con la cerilla se enciende la vela y se toman unos instantes para observar el grácil movimiento de la llama. Mientras tanto, se visualiza cómo llega una nueva amistad, sincera, honesta y cargada de amor. También es aconsejable pensar en diferentes momentos agradables que se desean compartir con una amistad tan profunda.

3 Se deja consumir la vela por completo y se agradece al universo que haya escuchado la petición que se le ha lanzado. Los restos del ritual pueden lanzarse a una corriente de agua, siempre y cuando la vela sea natural y libre de parafinas.

«Una nueva y sincera amistad a mi vida llegará y momentos inolvidables comenzaremos a experimentar. La sinceridad y honestidad nos definirán y como en una familia nuestros lazos se crearán.»

TALISMÁN PARA AUMENTAR LA FERTILIDAD

Muchas parejas, o personas sin pareja, desean tener un bebé, pero por una causa u otra, no consiguen que ese embarazo llegue a buen término. Si resulta que ese es tu caso, nada mejor que darte un pequeño empujón mágico con las maravillosas propiedades que la naturaleza pone a tu alcance. ¡A por ese bebé tan deseado!

Ingredientes

- Una hoja grande y fresca de higuera
- Un poquito de ortiga seca (ya la venden preparada)
- Unas hojas secas de caléndula
- Avena
- Arroz
- Cuerda de fibra natural

Mejor momento para llevarlo a cabo

El día apropiado es un viernes de luna creciente (si está en plenitud, mucho mejor), por la mañana, al amanecer y mirando hacia el oeste.

Procedimiento

1   Se coge la hoja de higuera y, en su centro, se coloca la caléndula mientras se visualiza cómo el útero queda limpio por completo, brillante, blandito y preparado para cobijar al posible futuro bebé.

2   Luego se añade la avena (a ser posible en copos) mientras se visualiza cómo gracias a ella el vientre se relaja del estrés y la tensión.

3   A continuación, se colocan la ortiga y el arroz mientras se visualiza cómo se fecunda el óvulo y este se adhiere a las paredes del útero, lo que evita que sea expulsado.

4   Por último, se cierra la hoja con todo en su interior y se hace un paquetito gracias a la cuerda que se tenía preparada.

5   El talismán se deberá tener bien cerca mientras se realiza el acto amoroso o, en su defecto, se acude a la fecundación *in vitro*. Es muy importante sentir la sensación de plenitud y de haber sido fecundada.

«La semilla del amor en mi vientre se plantará y, poco a poco, un hermoso y sano bebé se formará.»

El hecho de encontrar la piedra filosofal es, pues, haber descubierto lo «absoluto», como también lo denominan los maestros. Lo absoluto es lo que no tolera errores, es la separación de lo fijo de lo volátil, es el patrón de la imaginación, es la necesidad de ser, es la ley inmutable de la verdad y la razón; esto es lo que lo «absoluto» significa.

ELIPHAS LÉVI

RITUALES PARA

la prosperidad

La mayoría de las personas tiene una visión negativa de la prosperidad y la riqueza, a pesar de que luchan encarecidamente por conseguirlas, muchas veces de maneras poco honradas o legales. Esa connotación tan desfavorable puede ejemplificarse en la forma que se tiene de mirar a las personas con mayor poder adquisitivo: se piensa que todas son engreídas, que el dinero les ha llovido del cielo, que sus bienes materiales (casa, coche, etc.) no son tan bonitos como podrían serlo si fuesen de ellos, e incluso hay quien les desean que pierdan todo o les vaya mal en otros aspectos de su vida por simple envidia.

Lo primero que hay que hacer para atraer la prosperidad es mirarla con buenos ojos (y también a la gente que ya posee dinero). En lugar de pensar que esas personas son estúpidas o desdichadas en otros planos, hay que pensar que seguro que han trabajado duro para conseguir lo que poseen, que es el fruto de su propio trabajo; es decir, que son merecedoras de ello. Hay que sentirse merecedor de todo lo que se desee (siempre adecuando y adaptando las metas a la realidad inmediata para, de esa forma, evitar posibles frustraciones); hay que intentar conseguirlo y, sobre todas las cosas, disfrutar de lo mucho o poco que ya se posea.

El corazón también se abre a la prosperidad... No hay que apartarlo como si fuese una codicia maliciosa. Hay que romper esa vieja creencia impuesta por algunas religiones de que para ser una persona espiritual hay que aferrarse a la pobreza. Eso no es así. Llamémosla.

RITUAL PARA QUE LLEGUEN COSAS BUENAS

Estoy segura de que quieres que tu vida esté llena de personas y situaciones maravillosas y de que se colme de buenas oportunidades. Es algo fundamental a la hora de sentirte feliz. Pero hay algo que tienes que saber, y es que, si te sientes feliz, atraes cosas estupendas a tu vida. Actúas como un imán y, por lo tanto, si quieres que el bienestar llegue rápido, debes atraerlo con tu propia mente, tus energías generadas y, cómo no, con la magia.

Ingredientes

- Una manzana
- Dos cucharadas de azúcar moreno
- Una vela
- Papel y lápiz

Mejor momento para llevarlo a cabo

Un domingo o jueves de luna creciente o llena, antes del sol de mediodía. Mirando hacia el norte (sur si estás en el hemisferio sur) cuando lo que quieres conseguir es un bienestar material, o hacia el oeste si lo que quieres es atraer algún tipo de bienestar emocional.

Procedimiento

1 La manzana se corta en horizontal por la parte superior e inferior, y se deja solo lo que es la lámina central. Es un buen momento para comprobar que en su interior posee una estrella de cinco puntas, la cual va a ser de gran ayuda a la hora de tener presentes en el ritual a los cuatro puntos cardinales.

2 Se escribe en un papel una frase muy concreta de lo que se quiere conseguir. Algo así como: «Que las cosas buenas lleguen a mi vida». Si se desea conseguir algo en concreto, también se puede especificar más la frase elegida.

3 Se pone el papel sobre la rodaja central de la manzana, se le añaden las dos cucharadas de azúcar y se coloca encima la vela.

4 Con una cerilla de madera se enciende mientras se visualiza cómo comienzan a llegar aquellas cosas maravillosas que tanto se han deseado o aquella que se quiere en concreto.

5 Se deja consumir por completo y se agradece al universo y a la naturaleza el sentimiento de plenitud creado durante el ritual.

«Las cosas buenas a mi vida llegarán y ya no tendré motivos para llorar más. Del bienestar disfrutaré y una persona afortunada me sentiré.»

81

RITUAL PARA ENCONTRAR UNA CASA

El tema de la vivienda cada día está más complicado, puesto que los precios son muchas veces desorbitados o los propietarios se escudan tras mil trabas a la hora de arrendar. Lo que está claro es que todo el mundo tiene derecho a una vivienda digna, y para ayudarte a encontrarla puedes poner en práctica un bonito y sencillo ritual como este.

Ingredientes

- Una naranja
- Un cuchillo
- Una llave
- Papel y lápiz
- Un trozo de cinta o cuerda de color verde
- Cuatro velas blancas

Mejor momento para llevarlo a cabo

Mirando hacia el este, el ritual debe hacerse un sábado o domingo de luna creciente o en plenitud, con el sol del amanecer. Puede realizarse una vez al mes hasta que la casa adecuada llegue a tu vida.

Procedimiento

1 Se coge la naranja y, con el cuchillo, se parte por el medio con mucho cariño, respeto y cuidado.

2 En el papel se escriben las características exactas de la casa que se anda buscando o que se quiere conseguir. Cuanto más minucioso y específico se sea a la hora de describir los detalles, mucho mejor (vecindario, número de habitaciones, luminosidad, ruido...).

3 Sobre una de las mitades de la naranja se colocan el papel en el que se acaba de escribir y la llave que se tenía preparada para el ritual. Mientras se hace, se visualiza cómo se encuentra esa casa tan deseada, de una forma absolutamente sencilla y espontánea.

4 Se tapa con la otra parte de la naranja y se ata todo con la cinta o cuerda de color verde.

5 Se colocan las cuatro velas alrededor de la naranja, intentando que cada una de ellas coincida con cada uno de los puntos cardinales principales (norte, sur, este y oeste), y se dejan consumir.

«Mi hogar quiero encontrar, lejos de toda molestia e inseguridad. Fácilmente a mi vida llegará y, solo o en familia, lo podré disfrutar.»

RITUAL PARA ELIMINAR OBSTÁCULOS

No hay nada más frustrante que luchar por conseguir tus metas, sueños o propósitos y que siempre surja algún obstáculo que se interponga en tu camino. Es como cuando tropiezas varias veces con la misma piedra: al final llega un momento en el que pierdes la ilusión por lo que estabas intentando alcanzar, tiras la toalla y te abrazas al sentimiento de impotencia y frustración que te ha generado la sensación de fracaso. No olvides que, al igual que con esa piedra del camino, ningún obstáculo puede detenerte si sabes cómo esquivarlo.

Ingredientes

- Una cebolla
- Sal gruesa
- Aceite
- Una cuerda
- Papel y lápiz

Mejor momento para llevarlo a cabo

Como lo que se pretende es dejar atrás algo —en este caso algún tipo de obstáculo—, el mejor momento es en luna menguante o nueva, por la tarde (antes de que caiga el sol) y mirando hacia el sur (el norte si se está en el hemisferio sur).

Procedimiento

1 Hay que dedicar unos minutos a pensar con claridad cuál es el obstáculo que se quiere eliminar. Una vez que esté bien claro, se escribe en el papel, se corta la cebolla por la mitad y se coloca el papel sobre una de esas mitades.

2 La sal se utiliza para cubrir toda la superficie del papel y, además, se vierte el aceite sobre ello. Entonces se tapa con la otra mitad de la cebolla y se visualiza en todo momento cómo ese obstáculo desaparece por completo del camino del propósito que se quiere conseguir.

3 Se atan las dos mitades y se entierran fuera de casa mientras se les agradece el gran sacrificio y la gran labor que han realizado en el ritual.

«Este obstáculo dejará de hacerme llorar
y las heridas causadas comenzarán a sanar.
Mi propósito alcanzaré y con el universo
lo celebraré.»

RITUAL PARA ATRAER EL DINERO DURANTE UN ECLIPSE DE LUNA

El universo siempre quiere lo mejor para ti y los eclipses traen cambios rápidos a la vida si eres capaz de recibirlos con serenidad. Remueven las energías y las aguas de tu interior, ayudan a dejar atrás aquello que no es favorable para ti y atraen lo que sí lo es. Su característica especial es que los cambios suelen ocurrir de una forma brusca, repentina e incluso tajante. Pero no olvides que el universo solo quiere que aprendas y que obtengas lo mejor en todo momento. No hay por qué temer.

Ingredientes

- La piel de medio limón vacío
- Arroz
- Perejil
- Canela
- Unas monedas

Mejor momento para llevarlo a cabo

Durante un eclipse lunar, y si es un jueves mucho mejor. La mejor hora es por la mañana, antes del sol de mediodía, mirando hacia el norte (el sur desde el hemisferio sur) y en un lugar al aire libre que esté vinculado al elemento tierra (jardín, prado, lugar rodeado de macetas en casa...).

Procedimiento

1 Dentro de la piel del limón (vaciado con anterioridad y ya seco para evitar pudrición) se añaden, con mucho cariño, un puñado de arroz y una capa de hojas de perejil. Sobre esa capa ya hecha, se colocan las monedas y, después, se cubren con más arroz.

2 En la superficie se espolvorea una capa de canela en polvo para formar un círculo en el sentido de las agujas del reloj (justo al contrario en el hemisferio sur). Mientras se traza, se visualiza cómo se van fertilizando las monedas y el dinero que se posee se multiplica.

3 Se coloca en el lugar de la casa donde se tenga guardado el dinero y se retira cuando el limón se estropee o cuando se sienta que sus energías ya poseen menos fuerza. Los restos pueden enterrarse, excepto las monedas, que pueden limpiarse y volver a usarse.

«Cambios rápidos en mi vida la Luna eclipsada traerá y el dinero que tengo en casa se multiplicará. El círculo de la prosperidad protegerá mi ritual y agradecida al universo mi alma siempre estará.»

RITUAL PARA PEDIR DESEOS DURANTE UN ECLIPSE DE SOL

El sol no iba a ser menos a la hora de querer brindarte su ayuda, y, al igual que la luna, te envuelve con unas energías de cambio muy poderosas y veloces. Si te decides a dejar atrás esos viejos tabúes que hablaban de maldiciones varias si te dejas envolver por la influencia de un eclipse, sus vibraciones te darán un gran empujón a la hora de cumplir tus deseos o peticiones. Recuerda que nunca hay suficiente luz cuando se está en la oscuridad.

Ingredientes

- Una rama con hojas de hiedra (se pueden conseguir en cualquier parque o jardín)
- Un bolígrafo o rotulador
- Un trocito de cuerda o hilo
- Saber con claridad qué es lo que se desea conseguir

Mejor momento para llevarlo a cabo

Evidentemente, el mejor momento es la mañana de un eclipse de Sol. A lo largo de un año se producen varios; por lo tanto, es cuestión de ser consciente de cuándo van a ocurrir y estar preparado para ellos. Es un ritual muy bonito para hacer en familia y, además, la compañía le otorgará un extra de magia.

Procedimiento

1 En el anverso de cada una de las hojas se escribe un deseo poniendo todas las intenciones en ello. Si se hace en familia, cada miembro puede escribir una o más hojas, dependiendo de cuántas posea la ramita. También cabe la posibilidad de que cada miembro de la familia se ocupe de una ramita con sus correspondientes hojas.

2 Una vez meditado y escrito lo que se desea conseguir, se visualiza cómo entran las energías del eclipse por la ventana de casa y envuelven las peticiones que se han plasmado en cada hoja.

3 Se ata la ramita con la cuerda o hilo que se tenía preparado, se cuelga en la entrada de la casa y se deja allí hasta que las hojas se sequen por completo. Una vez que estén secas, se queman y se entierran sus cenizas en alguna maceta.

«El eclipse dejará pasar la oscuridad y su luz pronto renacerá. Nuestras peticiones iluminará y con sus energías se nos concederán.»

RITUAL PARA PEDIR DESEOS CON UNA LLUVIA DE ESTRELLAS

Si hay un acontecimiento mágico que ha pasado de generación en generación ese es, sin duda, el hecho de alzar la mirada al cielo y pedir un deseo cuando se ve pasar una estrella fugaz. En realidad no son estrellas, sino trozos de meteoros, pero es innegable que, como todo lo que existe en el universo, poseen unas vibraciones que pueden emplearse para crear magia a partir de la suya propia. Mira al cielo y pide lo que quieras.

Ingredientes

- Papel y lápiz
- Un bol transparente con agua
- Sal marina gruesa
- Algunas gemas que se tengan en casa (amatistas, citrinos, cuarzos cristal...)

Mejor momento para llevarlo a cabo

Este ritual puede usarse durante cualquier lluvia de estrellas, pero hay que tener presente la fase lunar a la hora de pedir ese deseo. Es decir, si es menguante, el deseo se enfocará en dejar atrás algo (una casa vieja, abandonar una vida poco saludable...); si es creciente, se enfocará en atraer algo (una casa nueva y cómoda, conseguir una vida saludable...).

Procedimiento

1   En el papel se escribe aquello que se tenga muchas ganas de conseguir: un trabajo nuevo, aprobar con éxito los estudios, salir favorablemente de una operación, conseguir la casa de sus sueños, etc. Cuanto más precisa y exacta sea la descripción del deseo, mucho mejor.

2   Ese papel se pone debajo del bol con agua, pero de tal manera que lo escrito pueda leerse desde el exterior.

3   Alrededor del bol se traza un círculo con la sal marina, en el sentido de las agujas del reloj (al contrario si se está en el hemisferio sur), y se colocan también a su alrededor las gemas que se tenían preparadas. Incluso alguna de ellas puede añadirse dentro del agua.

4   Se coloca junto a una ventana, balcón o en el jardín, y se deja durante toda la noche. Se retira al amanecer.

5   El agua puede utilizarse en el baño o ducha de ese día, y el papel se guarda bajo la almohada durante un ciclo lunar completo (28-29 días). Pasado ese tiempo, se puede enterrar o quemar. La sal puede utilizarse para limpiar el hogar (añadiéndola al cubo de fregar), y las piedras o gemas, para cualquier finalidad, puesto que quedarán cargadas de energía.

«Al cielo miraré y mis deseos cumpliré.»

RITUAL PARA LANZAR DESEOS AL VIENTO

La luna, el sol, las estrellas y ahora el viento. Todos ellos son unos maravillosos conductores de nuestros deseos desde las afueras de la Tierra, pero el viento es, sin duda, el mejor y más rápido conductor dentro del planeta. Úsalo con todo tu amor y respeto.

Ingredientes

- Una ramita de romero
- Hojas caídas de árboles, tantas como deseos se quieran pedir
- Un lugar especial en la naturaleza
- Un corazón puro y lleno de buenos deseos

Mejor momento para llevarlo a cabo

Cuando la luna esté en plenitud, y en algún lugar de la naturaleza. La posición depende de desde dónde sople el viento, pero si se coloca mirando hacia el norte, siempre será mucho mejor (el sur desde el hemisferio sur).

Procedimiento

1 Hay que colocarse de frente al viento y, entonces, se pasa la ramita de romero por todo el cuerpo mientras se visualiza cómo limpia todas las posibles vibraciones negativas y, en su lugar, imanta para atraer las buenas.

2 Luego se escribe un deseo en cada una de las hojas, se pone uno en pie, se gira hacia la derecha (hacia la izquierda si se está en el hemisferio sur), lanza las hojas al aire y deja que el viento las arrastre.

3 Mientras vuelan, se visualiza cómo esas hojas se iluminan y conceden todos y cada uno de los deseos allí escritos.

«El viento me ayudará y mis deseos transportará. El universo los recogerá y con el merecimiento me compensará.»

RITUAL DE LIMPIEZA PARA LA ABUNDANCIA

Cuando hablo de abundancia no solo me refiero al plano material, sino que incluyo otros aspectos importantes de la vida, como pueden ser el amor, la salud, la fraternidad y todo aquel sentimiento o emoción que aporte vibraciones positivas a tu vida. Con esta limpieza te asegurarás su permanencia.

Ingredientes

- Una taza de arroz
- Canela en rama o molida
- Dos cucharadas soperas de miel
- Agua (a ser posible agua solarizada)

Mejor momento para llevarlo a cabo

Puede ponerse en práctica un lunes, jueves, viernes, sábado o domingo de luna creciente o llena, por la mañana y mirando hacia el norte (el sur si se está en el hemisferio sur) o el este.

Procedimiento

1 Se pone a calentar el agua solarizada; una vez que rompa a hervir, se añaden el arroz y la canela mientras se les pide que, por favor, aporten sus propiedades mágicas al agua ritualizada.

2 Se deja a fuego medio/bajo durante unos 10 minutos; pasado ese tiempo, se retira y se deja reposar otros 10 minutos más. Se saca el arroz del preparado con ayuda de un colador y se deja apartado en un bol.

3 Se agrega la miel al agua resultante de la cocción y se introduce en el cubo de la fregona o en el recipiente que vaya a utilizarse para limpiar.

4 Con ese preparado se friega toda la casa o el negocio; se comienza en la puerta de entrada y se va hacia el interior, puesto que lo que se quiere conseguir es atraer la abundancia. Mientras se lleva a cabo, es importante visualizar cómo queda todo brillante y reluciente.

«Mi hogar brillará y a la abundancia atraeré. Próspero seré y al universo agradeceré.»

SAQUITO PARA EL DINERO

Gracias a la magia de los distintos elementos de la naturaleza, puedes crear multitud de combinaciones para poder conseguir un propósito. Uno de los más requeridos y solicitados es el dinero; por ello, nada mejor que hacer un saquito que puedas llevar siempre contigo y permita que nunca te falte en la billetera o en la cuenta del banco toda la cantidad que necesites.

Ingredientes

- Un billete de curso actual
- Una moneda
- Anís en grano
- Canela
- Clavo de olor
- Una rama de romero
- Cuerda
- Un saquito o un trozo de tela

Mejor momento para llevarlo a cabo

El mejor momento es un jueves de luna creciente o llena, por la mañana, mirando hacia el norte (el sur desde el hemisferio sur).

Procedimiento

1 Se estira muy bien el billete y se ponen en su interior la canela, la moneda, el clavo y el anís. Se hace con sumo cuidado y delicadeza, siendo consciente en todo momento de lo que se está haciendo.

2 Se cierra el billete como si fuese un paquetito, con las especias dentro. Se introduce en el saquito de tela y se añade también la ramita de romero. Se cierra el saquito y se carga con la mejor de las intenciones que se posea, y se visualiza cómo este sirve de imán para el dinero.

3 Se lleva en el bolso o se deja en el lugar de la casa donde se tenga guardado el dinero. Puede renovarse cada 2 o 3 meses y cargarse cada mes con la luz de la luna llena y el sol de la mañana.

«Con la magia del olor, el dinero llegará sin pudor. En mi cartera lo guardaré y la fortuna ganaré.»

VELA PARA EL DINERO

Hay muchas y muy distintas formas de atraer la buena fortuna a tu vida. Una de ellas es con la fabricación de una vela mágica ritualizada, cuya llama y energías iluminen el camino de tu prosperidad. He de decir que esta vela es un complemento ideal para cualquier otro ritual relacionado con la prosperidad; un potente amplificador de energías que no debes dejar escapar.

Ingredientes

- Una vela
- Unas hojas de albahaca fresca
- Una ramita de hierbabuena fresca
- Monedas doradas
- Aceite de oliva o lino
- Unos pocos clavos de olor
- Un mortero

Mejor momento para llevarlo a cabo

Un jueves o domingo de luna creciente o llena, por la mañana, antes de que el sol baje de su punto más alto en el cielo y mirando hacia el norte (el sur desde el hemisferio sur).

Procedimiento

1 En un mortero se añaden el aceite, algunas hojas de albahaca y otras pocas de hierbabuena. Se machacan muy minuciosamente y se mezcla todo con mucho amor.

2 En un plato se pone la vela y se clavan en ella los clavos de olor. Luego se unta entera con la mezcla que se ha preparado en el mortero.

3 Sobre el plato se ponen dos hojas enteras de albahaca y otras dos de hierbabuena formando un círculo que rodee la vela. Sobre ellas, todas las monedas doradas.

4 Se enciende la vela y se visualiza mientras tanto cómo su luz sirve de guía a la prosperidad. Se deja consumir por completo y los restos del ritual pueden enterrarse (excepto las monedas).

«Abriré las puertas a la prosperidad y el trabajo progresará. La riqueza no solo es material, pues el alma se nutrirá y relajará.»

RITUAL DE LA PATATA DE LOS DESEOS

Seguro que jamás te habrías imaginado que las patatas podían llegar a ser mágicas, ¿verdad? Pues sí que lo son, y gracias a sus grandes energías, puras como la tierra que las cubre y que permite que se reproduzcan, conseguirás lo que quieras. Ellas te ayudarán a hacerlo.

Ingredientes

• Una patata que tenga ojuelos
• Un cuchillo
• Un rotulador permanente
• Un macetero con tierra
• Un bol con agua

Mejor momento para llevarlo a cabo

Un sábado o domingo de luna creciente o llena. El momento del día dependerá del deseo que se vaya a pedir: si se quiere eliminar algo, deberá hacerse con el sol de la tarde-noche; si se quiere atraer algo, con el sol de la mañana o el mediodía. La orientación también dependerá de lo que se desee pedir, siendo el norte para todo aquello relacionado con el trabajo o el dinero (el sur si se está en el hemisferio sur), el oeste para lo relacionado con el amor, el este para los viajes o estudios, y el sur para eliminar enfermedades o situaciones molestas de la vida (el norte si se está en el hemisferio sur).

Procedimiento

1 Con el cuchillo se corta la patata en trozos, procurando que en cada uno de ellos haya un ojuelo, ya que desde ahí se desarrollará la futura planta. En la piel de cada uno de los trozos se escribe el deseo que se quiere conseguir. Es muy importante tomar unos minutos para meditar cuáles serían los más adecuados y prioritarios.

2 Se coge el macetero con tierra y se planta cada uno de los trozos de patata; se ha de intentar que los ojuelos queden mirando hacia arriba. Entonces, se cubren todos con la tierra y se ponen las mejores intenciones en que esos deseos se cumplan.

3 Se coloca la maceta en un lugar muy soleado y se cuida igual que se hace con cualquier planta. Conforme vayan creciendo y desarrollándose los nuevos tubérculos, los deseos se irán cumpliendo poco a poco (si en realidad se está preparado para recibirlos).

«De la tierra nacemos y con agua crecemos. Lo cultivado cuidamos y en el camino nos curtimos. El tubérculo se reproducirá y mis deseos se cumplirán.»

CONSEGUIR EL TRABAJO DE TU VIDA

Conseguir un trabajo a veces puede resultar complicado, pero si es el trabajo de tu vida, incluso puede llegar a ser una misión que requiera más tiempo del que te gustaría. Para ello, nada mejor que una vela que ilumine la llegada del trabajo que tanto deseas.

Ingredientes

- Una naranja
- Una vela
- Hojas de laurel
- Aceite de clavo de olor macerado
- Cerillas

92

Mejor momento para llevarlo a cabo

Un jueves o domingo, con luna creciente o llena, a media mañana o a mediodía, mirando hacia el norte (el sur desde el hemisferio sur). Es importante tener el aceite preparado con al menos 20 o 30 días de antelación.

Procedimiento

1 Para conseguir el aceite de clavo, solo se deben introducir en aceite de oliva algunos clavos de olor, tapar el bote y dejar que macere en un lugar donde no reciba la luz directa del sol, durante unos 20 o 30 días.

2 Se corta una lámina de naranja y se unta con el aceite de clavo de olor. Con la vela se hace exactamente lo mismo: se aplica en todos y cada uno de sus rincones la maceración de aceite que se había preparado. Se sacan los clavos del aceite y se clavan en la naranja. En esta ocasión se usan 12, que representan los 12 meses del año.

3 Las hojas de laurel se colocan rodeando la vela, y en una de ellas se escribe el trabajo que se desea conseguir o la entrevista que se desea superar con éxito.

4 Se enciende la vela, se visualiza que se consigue dicho trabajo y se deja que se consuma. Los restos del ritual pueden enterrarse en una maceta.

«Del trabajo soy merecedor y con esta vela ilumino mi posición. El puesto conseguiré y al universo agradeceré.»

RITUAL DE LA SEMILLA DEL DINERO

Para poder recoger una cosecha, antes hay que sembrar. Por lo tanto, si quieres recoger el fruto de tu trabajo, antes tienes que trabajarlo. ¿Qué te parece si usamos la magia de la naturaleza para que sus semillas produzcan todo el dinero que mereces? No recogerás ni más ni menos que aquello que siembres; por lo tanto, debes esforzarte en dar lo mejor de ti.

Ingredientes

- Un huevo
- Una moneda dorada
- Lentejas (o cualquier semilla que se tenga en casa)
- Tierra
- Un recipiente para poder enterrar

Mejor momento para llevarlo a cabo

Un jueves de luna creciente o llena, antes de que el sol baje de su punto más alto del cielo, mirando hacia el norte (el sur si se está en el hemisferio sur).

Procedimiento

1 Se rompe con cuidado la parte superior del huevo y se extrae el contenido (sería ideal comerlo ese mismo día y no desperdiciarlo). Dentro se añaden un poco de la tierra y la moneda dorada. Luego se agrega aún más tierra y se ponen las lentejas o las semillas que se haya decidido utilizar.

2 Se introduce en un recipiente y se cubre todo con la tierra restante. Se añade agua mientras se visualiza cómo esas semillas germinan y con ellas el dinero que entra en el hogar.

3 Si después de un ciclo lunar completo las semillas no germinan, no pasa nada, pues el hechizo sigue funcionando al haber hecho bien la visualización. Se pueden coger todos los elementos usados en el ritual y enterrarlos en la naturaleza, excepto la moneda, que puede ponerse junto a algún imán de la casa o lavarla y liberarla de la ritualización para poder darle un nuevo uso. Como se sienta y apetezca en todo momento, siempre.

93

«La semilla que aquí voy a plantar con su riqueza me proveerá. Día a día la cuidaré y con el sol y la tierra el dinero atraeré.»

LLAMADOR DE LA FORTUNA

Los chamanes atraen energías con sus instrumentos y cánticos mágicos, y tú, con esta creación única y mágica, podrás hacer lo mismo cada vez que quieras llamar la fortuna a tu vida. Todo lo que quieras puedes atraerlo a ti con su poder de atracción, como si fueras el flautista de Hamelin. Deja atrás el miedo a danzar y acompaña tu música con bailes y movimientos naturales. Fluye con la magia.

Ingredientes

- Una pieza de nuez moscada sin moler
- Anís en grano
- La cáscara de una nuez
- Piel seca de naranja
- Un trozo de cuerda

Mejor momento para llevarlo a cabo

Un jueves de luna creciente o llena, por la mañana, mirando hacia el este.

Procedimiento

1 Se abre la nuez (en dos mitades) y se vacía. En su interior se añaden los granitos de anís y la nuez moscada, con cuidado de que no sobrepasen el pequeño espacio interior que ha quedado disponible al vaciarlo de su fruto.

2 Se tapa con la otra cáscara de nuez y se envuelve con la piel seca de naranja.

3 Con cuidado de que no se abra, se ata con una cuerda y se visualiza cómo la envuelve un haz de luz de color naranja. Los sonidos que produce sirven de imán para la fortuna.

4 Puede usarse tantas veces como se crea conveniente y cuando se deje de necesitar puede depositarse en un lugar de la naturaleza.

«Las maracas sonarán y la fortuna llegará. Como el del rebaño que sigue a su pastor, el sonido es su mayor atracción.»

RITUAL DE LA ESTRELLA DE LA PROSPERIDAD

Las estrellas son magia pura. A pesar de verlas brillar en el cielo, la gran mayoría de ellas ya ni existen; pero su luz sigue ahí para nosotros, para no dejarnos solos en el camino de la oscuridad, igual que este amuelo, cuya forma de estrella no permitirá que te sientas sumido en la oscuridad de la pobreza cuando en realidad mereces rodearte de todo lo bueno que existe.

Ingredientes

- Tres ramas de canela
- Seis clavos de olor
- Un trozo de cuerda

Mejor momento para llevarlo a cabo

Un jueves, con luna creciente o llena, a mediodía y mirando hacia el norte (el sur desde el hemisferio sur) o el este. Es aconsejable hacerlo en un jardín o en casa rodeado de plantas y agua.

Procedimiento

1. Se atan las ramas de canela entrelazadas para que queden en forma de estrella. Después, en cada uno de sus extremos se incrusta un clavo de olor mientras se visualiza cómo la vida es próspera en todos los aspectos.

2. Esa estrella puede colgarse a la entrada de la casa o del negocio, y pueden hacerse tantas como se quiera. De hecho, sería un ritual muy bonito para poner en práctica en familia.

«Como una estrella vas a brillar y desde los cielos me has de alumbrar. Que ilumine el camino de la prosperidad y llegue a mi hogar como resultado de mi trabajar».

LIMPIEZA PARA CONSEGUIR MÁS CLIENTES

Ser una persona emprendedora y tener un negocio no es algo difícil, pero lo que sí resulta más complicado es conseguir que funcione, que los clientes sean abundantes y, cómo no, que estén dispuestos a invertir su dinero en tus servicios o productos. Esfuérzate por ser honrado y justo, y limpia de impurezas todo tu negocio.

Ingredientes

- Agua, a ser posible solarizada
- Medio limón en rodajas
- Unas hojas de albahaca
- Anís en grano

Mejor momento para llevarlo a cabo

Se preparará un jueves o domingo de luna creciente o llena, por la mañana, mirando hacia el norte (el sur desde el hemisferio sur).

Procedimiento

1 En un mortero se machaca a conciencia una pequeña cantidad de cada uno de los ingredientes. Luego se coge un frasco de cristal con agua y se añade lo que se acaba de triturar.

2 En una de las hojas de albahaca se puede escribir la palabra PROSPERIDAD y de esa forma reforzar aún más el ritual. Se incorpora también al bote con agua mientras se visualiza cómo el flujo de clientes al negocio es incesante y fructífero.

3 Luego se agregan los demás ingredientes sobrantes, se tapa y se deja reposar y macerar durante todo el día. No es necesario que el agua esté caliente para hacer el preparado.

4 Al día siguiente, se sacan o filtran los ingredientes mientras se agradece su trabajo, y se limpia el hogar o comercio desde la puerta de entrada hacia dentro.

«Los clientes nunca faltarán, pues con mis servicios satisfechos quedarán. Esta limpieza lo potenciará y con mi honradez se reafirmará.»

RITUAL PARA ATRAER EL DINERO
Y MEJORAR LAS GANANCIAS EN EL EMPLEO

Tener un empleo y que no esté bien remunerado es un sufrimiento y una injusticia y, como lo que quieres es ser feliz, debes poner todas tus intenciones y, por supuesto, toda tu magia para conseguir un sueldo digno del que seas merecedor. Estoy segura de que llegará. Confía.

Ingredientes

- Una rama de canela
- Unas hojas o ramita de cilantro secas
- Papel y lápiz
- Billetes de valor alto
- Una cuerda

Mejor momento para llevarlo a cabo

Un jueves de luna creciente o llena, a mediodía y mirando hacia el norte (el sur desde el hemisferio sur).

Procedimiento

1 Se abraza con cuidado la ramita de canela con las hojas de cilantro y se escribe en un papel una frase como la que hay al final de este apartado.

2 Ese papel se ata junto a la ramita de canela y cilantro mientras se pronuncia en voz alta la frase escrita o se visualiza en el interior.

3 Luego se pueden atar o enrollar los billetes, o simplemente poner el paquetito junto al dinero que se guarde en casa (o junto a las cartillas bancarias).

4 Se puede sustituir cada 2 o 3 meses y hacer tantos paquetitos como cartillas bancarias se tenga.

«Que el dinero recibido venga a mí porque lo he merecido. Que el trabajo realizado sea bien remunerado.»

BREBAJE DE LA PROSPERIDAD

No solo puedes utilizar la magia para hacer baños, velas y demás tipos de rituales que ya has visto a lo largo de este libro, sino que también puedes cocinar y tomar ciertos brebajes cargados de grandes propiedades mágicas y de efectos beneficiosos para tu salud. Es todo un dos por uno. Aprovéchate.

Ingredientes

- Agua
- Lima
- Una ramita de romero fresca
- Anís en grano

Mejor momento para llevarlo a cabo

Cualquier día es bueno para tomar este brebaje pues, además de ayudarte, es saludable.

Procedimiento

1 En una jarra de cristal se pone el agua y se añaden la lima, bien lavada y cortada a trocitos, y la ramita de romero fresca. Mientras se añaden, se disfruta del frescor que proporcionan sus fragancias.

2 Se tapa la jarra y se deja reposar/macerar dentro del frigorífico durante al menos 2 horas. Pasado ese tiempo, ya se puede tomar el brebaje con tranquilidad, intentando visualizar con cada vaso que se tome que uno se transforma en un ser sano y próspero, lo que sirve de atracción para tener aún más prosperidad.

3 El agua debe consumirse en un plazo máximo de 24 horas, pero puede hacerse de nuevo al día siguiente durante el tiempo que se considere oportuno.

4 También es posible añadir algún cuarzo cristal al agua para potenciar su poder.

5 Si se está embarazada o lactando, es muy importante que antes se consulte con el doctor para saber si es contraproducente.

«Gracias a tu proceder un ser próspero seré.
Tu magia me iluminará y mi salud
se potenciará.»

RITUAL PARA TENER ÉXITO

Alcanzar el éxito en todo lo que se emprende es algo deseable, sea en el ámbito que sea: en un trabajo, en una prueba, en el deporte, en la danza, la música... Para ello hay que trabajar de forma constante y perseverante, y aprender mucho por el camino, pero también puedes hacer un buen uso de los recursos que tienes en el hogar para mover un poco de magia a tu favor. Eso sí, recuerda que el mayor éxito de la vida es estar orgulloso de todo lo conseguido, por pequeño que sea. No les restes importancia a tus logros.

Ingredientes

- Hojas de laurel
- Canela en polvo
- Una vela verde o dorada, o también sirve que sea blanca, con hilos a su alrededor de esos dos colores
- Un vaso de agua
- Un macetero con tierra
- Semillas cultivables
- Tres monedas doradas o plateadas
- Cuarzo verde o pirita (opcional)

Mejor momento para llevarlo a cabo

Un jueves de luna creciente, a mediodía y mirando hacia el norte (el sur desde el hemisferio sur). Lo ideal es ponerlo en práctica en el jardín o en casa, pero rodeados de plantas.

Procedimiento

1 Se pone la vela en un plato o lugar seguro, y se cubre o impregna con la canela en polvo. A su alrededor, sobre el plato, se colocan las monedas que se tenían preparadas.

2 En la hoja de laurel se escribe lo que se desea y merece conseguir; por ejemplo: «Mejorar y aumentar las ventas del negocio». Luego se prende fuego a la hoja de laurel con la llama de la vela y se deja en un platito apartado hasta que termine de arder y se haga cenizas. Mientras arde la hoja, se visualiza que ya se ha conseguido lo que se ha pedido.

3 Una vez consumida la vela, se coge el macetero y se entierran los restos de vela, las monedas, las semillas y las cenizas. Se riega con el agua y se da por terminado el ritual, a la espera de que pase el ciclo lunar y se empiecen a ver los resultados.

«Las semillas de mi éxito plantaré
y el resultado de sus cuidados recogeré.
Lo que consiga bien merecido lo tendré
y al universo mis muestras de gratitud
ofreceré.»

Todo fluye, fuera y dentro; todo tiene sus mareas; todas las cosas suben y bajan; la oscilación del péndulo se manifiesta en todo; la medida de la oscilación hacia la derecha es la medida de la oscilación hacia la izquierda; el ritmo compensa.

EL KYBALIÓN

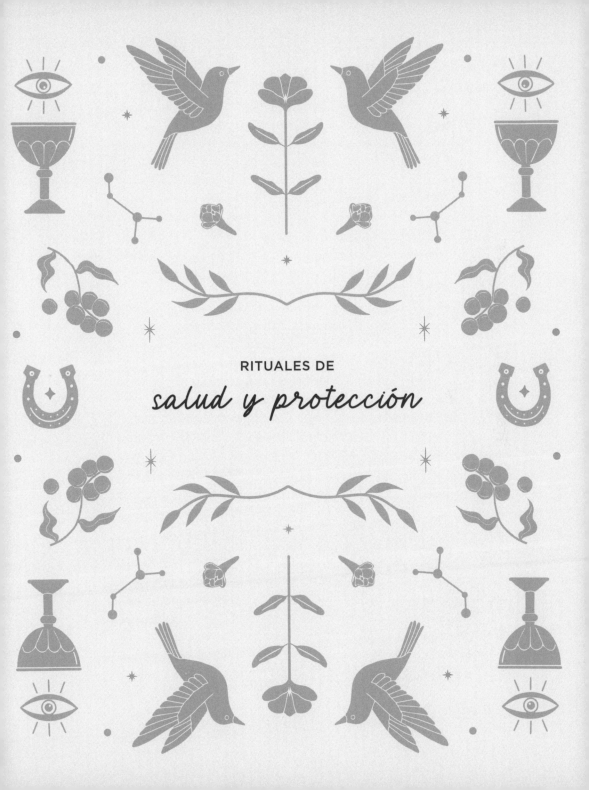

RITUALES DE

salud y protección

Si nacemos sin ningún tipo de patología genética, somos nosotros mismos los únicos responsables de mantener en condiciones óptimas nuestra propia salud, tanto si ya la tenemos y no queremos perderla como si la hemos perdido y deseamos recuperarla. El cuerpo es el fiel reflejo del interior de una persona, y con esto no me refiero al aspecto físico, sino a la somatización de múltiples sentimientos y emociones reprimidos que salen al exterior en forma de enfermedades repentinas e inexplicables. Evidentemente, la alimentación, el desgaste por la edad, la falta de ejercicio físico y mental, y la genética también son causantes de enfermedades, pero solo tienes que fijarte en las salas de espera de los centros de salud, ¿quiénes sufren mayores patologías y con mayor frecuencia? Las personas que se sienten tristes, frustradas, insatisfechas y solas. Alguna que otra vez puede haber algún alma feliz, pero son las menos. Por lo tanto, uno de los pilares básicos para mantener nuestra salud de forma favorable es sentirnos satisfechos con nuestra vida o, al menos, intentar que vaya a mejor sin caer en el pozo de la desesperación. Luchar cansado es doble lucha.

Lo que en esta sección quiero presentar es una serie de rituales encaminados a mejorar la salud física y mental, al igual que una serie de rituales cuya función esté centrada en la protección. Del mismo modo que esas almas tristes son capaces de destruir su salud, también pueden ser capaces de destruir la nuestra con sus energías densas y desfavorables. Una buena sonrisa es una protección segura, pero, a veces, hay que echar mano de la magia de la naturaleza para que nuestras intenciones se vean fortalecidas.

RITUAL PARA FORTALECER LA SALUD

Cuando a las locomotoras de vapor se les deja de echar combustible, estas, poco a poco, dejan de tener fuerza hasta que llegan a detenerse por completo, ¿verdad? Pues con tu salud ocurre igual. Puedes tener una salud de hierro, pero en el momento en que dejas de fortalecerla, esta se ve afectada y, poco a poco, al igual que aquella locomotora, se va parando, llegue o no a su estación de destino. Este ritual te ayudará a recuperar esa fortaleza, si es que ya ha llegado el momento del decaimiento.

Ingredientes

- Agua, a ser posible solarizada
- Una ramita de albahaca
- Una pizca de jengibre
- Una ramita de romero
- Una ramita de tomillo
- Una ramita de salvia

Mejor momento para llevarlo a cabo

Un martes o sábado, a ser posible con luna creciente o llena, al amanecer y mirando hacia el sur (el norte desde el hemisferio sur).

Procedimiento

1 Se pone a calentar el agua en el cazo u olla que se tiene para este tipo de rituales; cuando rompa a hervir, se añaden todas las plantas (preferiblemente frescas) y se visualiza cómo dejan impregnada el agua con sus propiedades mágicas y medicinales. Se apaga el fuego y se deja reposar durante algunos minutos.

2 Después de tomar el baño con el preparado resultante, se cogen todas las plantas que se han utilizado y se atan formando un ramillete.

3 Con ese ramillete se dan pequeños toquecitos o golpecitos por todo el cuerpo y se visualiza cómo con cada toque la sangre se activa y las células se fortalecen.

4 Una vez acabado el ritual del baño, ese ramillete puede colgarse boca abajo durante algunos días, en un lugar donde corra el aire y, una vez que esté seco por completo, puede quemarse.

«Las plantas agitaré y mis órganos fortaleceré.»

SAQUITO PARA ALEJAR LA ENFERMEDAD

Si la enfermedad ya ha hecho acto de presencia en tu vida, no te preocupes de más. Lo primero de todo es ponerte bajo supervisión médica, lo que te aportará la información científica necesaria para saber qué te ocurre y qué debes hacer o tomar para recuperarte; pero, una vez hecho ese contacto, también puedes echar mano de la naturaleza y su magia.

Ingredientes

- Una ramita pequeña de pino
- Un trozo de piel de manzana seca
- Un diente de ajo
- Un saquito o trozo de tela
- Un trozo de cuerda o hilo de color azul

Mejor momento para llevarlo a cabo

En este caso, como lo que se quiere es alejar la enfermedad, se utilizará la energía de la luna menguante. El día más apropiado es un sábado por la tarde, antes del anochecer y mirando hacia el sur (el norte desde el hemisferio sur).

Procedimiento

1. Se coge la piel seca de manzana y se le colocan en el centro el diente de ajo y la ramita de pino. Se enrolla con cuidado de que no se rompa y se ata todo con la cuerda o el hilo de color azul que se tenía preparado.

2. Se introduce dentro del saquito o trozo de tela y se visualiza cómo los elementos naturales que hay en el interior del saquito absorben la enfermedad que se posee y uno se queda libre de ella.

3. Cuando haya pasado una semana, se elimina el saquito entero, sin abrir y se le agradece en todo momento que haya prestado sus energías para lidiar con la enfermedad existente.

«De la enfermedad me quiero librar y a la salud me quiero aferrar. Este saquito en su interior la atrapará y, poco a poco, mi buen estado se recuperará.»

RITUAL PARA COMBATIR LA ANSIEDAD

La ansiedad es uno de los grandes males de la humanidad actual. La mente se acelera tanto que, sin darte ni cuenta, te sitúas en un futuro que aún no existe y que, en líneas generales, cargas de supuestas vivencias desagradables o preocupantes. Sabes que esas situaciones no son reales, pero el miedo a que lo sean te invade y tu cuerpo genera una serie de síntomas que te avisan de que la ansiedad ha hecho acto de presencia (taquicardias, falta de aliento, nerviosismo extremo, insomnio…).

Ingredientes

- Ser conscientes de que es una situación creada por nuestra mente y que somos capaces de erradicarla o paliar sus síntomas
- Aceite de lavanda
- Tres ramitas o lápices

Mejor momento para llevarlo a cabo

La ansiedad no entiende de lunas ni de soles y hace acto de presencia en cualquier momento; por lo tanto, siempre que se necesite puede ponerse en práctica, a ser posible, mirando hacia el oeste. Se puede repetir tantas veces como sea necesario y el tiempo que se considere oportuno.

Procedimiento

1 Antes de nada, se lleva a cabo un baño de purificación, se busca un lugar donde estar tranquilo y allí se toma asiento en el suelo (también se pueden utilizar una silla y una mesa si no existe la posibilidad o habilidad para estar sentado tan bajo).

2 Se ponen unas gotitas del aceite de lavanda en las sienes, las muñecas y el pecho, y se hacen movimientos circulares, muy despacio y en el sentido de las agujas del reloj.

3 La espalda tiene que estar lo más erguida posible y se deben hacer respiraciones muy profundas y calmadas. Si resulta más fácil, se puede contar mientras se respira: hasta 5 mientras se aspira, aguantar el aire otros 5 segundos y soltarlo durante otros 5. En las primeras respiraciones, como suele costar más trabajo llegar hasta 5, se puede comenzar por 3, pero, poco a poco, se debe aumentar progresivamente. La respiración es el mejor ansiolítico.

4 Una vez alcanzada esa respiración pausada y sosegada, se cogen las tres ramitas o lápices y se sitúan enfrente formando un triángulo.

5 Muy despacio, se lleva el dedo índice hacia el interior del triángulo y se aprieta contra el suelo o la mesa, justo en el centro. Se cierran los ojos, se sigue respirando con tranquilidad, y se centran los pensamientos en la presión que el dedo está ejerciendo y se libera la mente de la presión de los pensamientos futuros.

*«Con absoluta calma voy a respirar
y mi mente al presente voy a trasladar.»*

RITUAL PARA REDUCIR EL ESTRÉS

El estrés es un estado físico y mental que, en situaciones de peligro, es de gran utilidad, ya que puede llegar a salvarte la vida; pero cuando ese estrés se traslada a tu día a día como si fuese un hábito, deja de ser una herramienta y se convierte en un estado contraproducente que puede afectar seriamente a tu salud y, como consecuencia, a la de los que te rodean. No olvides que la vida está para disfrutarla y si vas muy deprisa no podrás apreciarla.

Ingredientes

- Un puñado de sal marina
- ¼ de taza de manzanilla
- Unas flores de jazmín
- Una cucharada de miel

Mejor momento para llevarlo a cabo

Es muy importante ponerlo en práctica en cualquier momento en el que el estrés se convierta en el máximo dueño de las emociones. No importa la fase lunar, pero si es por la noche, las vibraciones ayudarán aún más a calmar ese estado de estrés. Es aconsejable preparar el baño mirando hacia el oeste.

Procedimiento

1 Buscar un momento en el que se pueda estar solo o cuando se sepa que nadie va a interrumpir en medio del ritual. Se enciende alguna vela, se pone música relajante y se comienza a respirar profundamente intentando dejar la mente libre de todo pensamiento. Solo se presta atención a la respiración y a los órganos que trabajan en ella.

2 Una vez que se ha alcanzado un estado de mayor tranquilidad, se pone a calentar un litro de agua; cuando esta rompa a hervir, se apaga el fuego y se añaden los ingredientes uno a uno, despacio y fijando la atención en ellos y en nada más de nuestro interior o exterior.

3 Se tapa y se deja reposar durante unos pocos minutos. Luego se agrega al agua del baño y se disfruta de su maravillosa fragancia mientras se deja atrás ese angustioso estado de estrés. Si no se tiene bañera, se puede usar el preparado rociándose con él desde la cabeza hasta los pies o, en su defecto, aplicándolo poco a poco sobre el cuerpo mientras se está en la ducha.

4 Es muy importante que la mente esté centrada solo en el baño que se está dando y disfrutando.

«Con calma y sosiego este baño disfrutaré y del ritmo frenético de la vida me desvincularé. Mi cuerpo y mi mente se relajarán, y mis seres queridos me lo agradecerán.»

RITUAL PARA SENTIRTE BIEN CON TU CUERPO

Algunas veces somos demasiado exigentes con nosotros mismos y cuando ejercemos el dañino ejercicio de la comparación acabamos decepcionados o frustrados al ver que muchas veces no formamos parte de los cánones de belleza preestablecidos. Este ejercicio te va a ayudar a mantenerte al margen de lo que la moda impone y a amarte tal y como eres. Si quieres cambiar tu cuerpo, estás en todo tu derecho, pero es algo que no debe hacerse porque algo o alguien lo imponga.

Ingredientes

- Muchas ganas de amarte y respetarte
- Un espejo
- Papel y lápiz
- Pétalos de flores

Mejor momento para llevarlo a cabo

Cualquier momento es bueno para amar nuestro propio cuerpo, pero en luna nueva existe mayor facilidad para conectar con uno mismo. Es conveniente poner en práctica el ejercicio al amanecer y mirando hacia el oeste.

Procedimiento

1 Se coloca frente al espejo y se dedican unos minutos a observarse minuciosamente, sin juzgar ni buscar esos pequeños o grandes defectos que muchas veces se rastrean. Se lleva a cabo con gran amor.

2 Aún frente al espejo, se coge el papel y el lápiz y se hace un dibujo representativo del cuerpo y la cara. Una vez más, sin juzgar.

3 Mientras se dibuja cada parte del cuerpo, se dice mentalmente o en voz alta una frase del tipo: «Mi cuerpo es único. Amo y respeto mi cuerpo».

4 Se dedica todo el tiempo que sea necesario a hacer el dibujo y también a sentir que se aman todas las partes del cuerpo, sin distinción.

5 Sobre el dibujo se ponen los pétalos de flores y se coloca en un lugar donde pueda verse cada vez que se necesite (un cajón, una estantería, enmarcado...).

6 El ejercicio se puede repetir tantas veces como se necesite o se desee.

«Cuidaré de mi cuerpo como si fuese un templo. Con cariño me miraré y las autocríticas abandonaré.»

VELA SANADORA

La salud abarca el plano físico, el mental y el espiritual. No puedes dejar de lado uno de esos aspectos porque conforman un gran conjunto. Si alguno de ellos falla, automáticamente se verán afectados y desequilibrados los otros dos. Si sientes que en tu vida ya hay alguno de ellos dañado, puedes recurrir a la magia de las velas y su poder de sanación.

Ingredientes

- Una vela
- Café molido
- Pétalos y hojas de crisantemo
- Papel y lápiz

Mejor momento para llevarlo a cabo

Un domingo por la tarde, cuando la luna esté menguante, ya que al querer sanar lo que pretendemos es arrastrar la enfermedad. El punto cardinal más adecuado es el sur (el norte si se está en el hemisferio sur).

Procedimiento

1 En un plato se colocan los pétalos y las hojas del crisantemo formando una confortable camita o lecho.

2 Se coge la vela y se cubre por completo con el café molido que se tenía preparado. Si este no se queda fijado a la vela, se pueden utilizar unas gotitas de aceite para mezclar y que, de esa forma, quede agarrado a la vela lo máximo posible.

3 Se coloca la vela sobre el plato con pétalos y a su alrededor se echa más café molido para formar un círculo alrededor de la vela.

4 En el papel se escribe aquello que se quiere sanar y el nombre de la persona. (Recuerda que si se quiere hacer este ritual para otra persona, antes hay que informarla y esta debe dar su consentimiento.)

5 Se enciende la vela (a ser posible siempre con cerillas) y se observa durante algunos segundos su llama, visualizándola como si fuese una luz llegada de otro planeta y que es capaz de sanar todo mal.

6 Luego se quema con la llama de la vela el papel escrito y se visualiza que la enfermedad se esfuma por los aires junto con el humo que desprende el papel.

7 Por último, se deja consumir por completo y se agradece al universo el gran trabajo que ha hecho con el ritual.

«Mi salud es muy importante y la enfermedad quiero mantener distante. Con la luz de esta vela daré calor y se producirá un equilibrio con gran amor.»

RITUAL PARA SANAR UNA ZONA CONCRETA DE TU CUERPO

Una fractura mal curada, problemas de corazón, espalda contracturada... Si tienes localizado el foco de la enfermedad o la dolencia que tanto te está preocupando, este sencillo ritual te va a ayudar a que sane lo antes y lo mejor posible. Cuídate y mímate como nadie más lo hace.

Ingredientes

- Harina, sin importar de qué tipo sea
- Un plato hondo o bol
- Agua
- Sal

Mejor momento para llevarlo a cabo

Cualquier momento es válido, pero si la luna está en su fase de cuarto menguante, el ritual se verá fortalecido, al igual que si se pone en práctica al anochecer y mirando hacia el sur (el norte desde el hemisferio sur).

Procedimiento

1 Se pone la harina en el plato o bol lo más extendida posible. Con ayuda del dedo o de algún palito de madera, se hace un dibujo representativo de la zona afectada. Sin dibujo, también se puede escribir el nombre, sin más.

2 En un vaso se añade el agua y un puñado de sal. Se remueve muy bien con un palito de madera en el sentido contrario a las agujas del reloj (si se está en el hemisferio sur, sería en el sentido de las agujas del reloj). Mientras se remueve, se visualiza que es agua de mar, que está formando un poderoso remolino.

3 Una vez removida y mezclada el agua con la sal, y antes de que ese remolino formado se detenga, se echa sobre el dibujo que se había hecho en la harina y se visualiza que es una enorme ola marina cuyas aguas van a ser las encargadas de llevarse la enfermedad o dolencia que se posee, lo que dejará la zona sanada por completo.

4 Luego se remueve y mezcla la harina con el agua y la sal, y se hace una masa espesa, que pueda moldearse. Se visualiza cómo la zona del cuerpo dañada queda fortalecida (como la masa creada) y sanada por completo.

5 Acabado el ritual, se agradece a los elementos y al universo, y se puede eliminar en la basura orgánica la masa resultante.

6 Este mismo ritual puede hacerse en la playa, con arena y agua de mar, lo cual brinda una conexión directa con la naturaleza.

«Con su enorme remolino el agua sanará mi petición y con su fuerza cristalina dejaré atrás este dolor.»

109

MASAJE MÁGICO SANADOR

A todos nos gustan los masajes y disfrutamos mucho de ellos. Suponen un intercambio de energías muy elevado si ese masaje se recibe de manos de otra persona; por lo tanto, es muy importante que decidas bien quién será el que te haga sentir fenomenal con su tacto. Otra opción es que tú mismo lo lleves a cabo, aunque hay zonas que son muy difíciles de trabajar sin ayuda externa (como la espalda).

Ingredientes

- Aceite de almendras
- Una pizca de chocolate en polvo
- Unas piedras lisas de playa o algún cabujón especial de mineral, como puede ser de cuarzo rosa o cuarzo cristal
- Cuatro velas
- Sal gruesa

Mejor momento para llevarlo a cabo

Todo momento es bueno para hacer y recibir este masaje mágico sanador, y también es buena cualquier hora del día. Pero sí que es recomendable hacerlo mirando al sur (el norte desde el hemisferio sur).

Procedimiento

1 Se mezclan en un bol el chocolate en polvo y el aceite de almendras mientras se visualiza cómo esa mezcla se convierte en un potente ungüento sanador.

2 Se pone cada una de las velas sobre un platito que les sirva de soporte, y a su alrededor se esparce la sal gruesa para formar un círculo protector. Dichas velas se colocan en los cuatro extremos de la persona que va a recibir el masaje, intentando hacerlas coincidir con los cuatro puntos cardinales. Se encienden mientras se visualizan grandes rayos protectores para la persona que va a recibir el masaje y también para la que lo ejecuta. Son un escudo protector.

3 Con la mezcla creada al principio se masajea la zona dolorida haciendo uso de la piedra o cabujón de mineral. El masaje se empieza haciendo movimientos circulares en el sentido opuesto a las agujas del reloj (al contrario en el hemisferio sur) y, algo más tarde, con movimientos rectos de abajo arriba, y se visualiza que el dolor abandona a esa persona justo por el final de la cabeza.

4 Una vez acabado el masaje, la persona puede darse una ducha con agua clara y la piedra puede ser devuelta a la naturaleza o limpiada de las energías con una infusión de salvia.

«La energía que fluye de tus manos es mi salvación y transmuta en mi cuerpo como una sanación.»

CATAPLASMA PARA ELIMINAR EL DOLOR MENSTRUAL

Aunque no sea lo normal, una vez al mes, millones de mujeres padecen dolores provocados por la menstruación. Descartado cualquier tipo de problema ginecológico, existen ciertos remedios naturales que han pasado de generación en generación y que, ahora, pueden ayudarte a calmar esos dolores.

Ingredientes

- Un saquito o un trozo de tela no muy grueso
- Una cucharada grande de manzanilla
- Un trozo de raíz de jengibre
- Unas hojas de lavanda
- Un poquito de arcilla verde
- Un mortero

Mejor momento para llevarlo a cabo

Siempre que se tengan molestias menstruales e incluso estomacales.

Procedimiento

1 En un cazo se pone un poquito de agua a calentar; cuando ya esté a una temperatura alta pero sin llegar a hervir, se añaden las plantas (mejor si son frescas) y la raíz de jengibre.

2 Luego se apaga el fuego y se sacan las plantas calientes y mojadas. Se ponen todas ellas en el mortero y se incorpora también la arcilla. Se agrega un poquito del agua que se había obtenido en el preparado, se machaca y se mezcla todo bien, con respeto y conexión con esas plantas.

3 Una vez mezcladas y machacadas las plantas con la arcilla, se incorpora la pasta resultante en el trozo de tela que se había preparado. Se coloca todo en el centro, de forma extendida, y se dobla la tela con dos o tres vueltas. Se coloca sobre el vientre durante algunos minutos mientras se centran todas las intenciones en que esa zona se calme, relaje y recupere su estado de normalidad, sin dolor ni tensión.

«En el remedio de mi vientre te vas a convertir y, agradecida por ello, el universo te va a bendecir.»

111

BREBAJE PARA LAS MOLESTIAS DE LA MENOPAUSIA

Las mujeres, desde muy temprana edad, estamos acostumbradas a lidiar constantemente con las hormonas. Todos y cada uno de los cambios que se producen en nuestro cuerpo a lo largo de la vida son importantes y tienen su función en nuestro organismo, pero la menopausia supone un antes y un después en la vida de una mujer en multitud de aspectos. Para poder sobrellevar mejor algunas de sus consecuencias, nada mejor que tomar este brebaje.

NOTA: es muy importante conocer si padeces algún tipo de alergia a alguna planta antes de tomarla.

Ingredientes

- Una ramita de salvia fresca
- Una rodaja de limón
- Vinagre de manzana
- Una pieza de amatista
- Agua de luna

Mejor momento para llevarlo a cabo

Cualquier momento es bueno para preparar este brebaje y disfrutar de él, aunque siempre es mejor que se tome por las mañanas.

Procedimiento

1 Se pone a calentar el agua en la olla o cazo especial que se tenga para este tipo de preparados. Cuando rompa a hervir, se apaga el fuego y se añade la ramita de salvia fresca.

2 Cuando el agua deje de estar en su máxima temperatura, se agrega la pieza de amatista que se tenía reservada (bien lavada) y se deja en su interior durante 5 minutos. También se incorpora la rodaja de limón.

3 Pasado ese tiempo, se retiran la rama de salvia y la amatista, y se añade el chorro de vinagre de manzana.

4 Se reserva un momento de paz y tranquilidad, y se disfruta tomando el brebaje.

«Del sosiego disfrutaré tras tantos años de guerrear.»

RITUAL PARA EVITAR Y CONTROLAR
LA CAÍDA DEL CABELLO

El paso de los años, los medicamentos, el estrés, algunos periodos estacionales o la genética pueden hacer que tu cabello vaya debilitándose, hasta tal extremo que acabes por perder gran cantidad o la totalidad de él. Con este ritual conseguirás fortalecerlo y no solo eso, sino que brillará y lucirá como la propia luna llena.

Ingredientes

• Agua, a ser posible solarizada esa misma mañana
• Dos ramas grandes de romero fresco
• Una ramita de lavanda fresca
• Unas gotas de vinagre de manzana

Mejor momento
para llevarlo a cabo

Un día de luna llena, por la noche, bajo su luz. Si coincide que es martes, las energías del ritual se verán fortalecidas, y si se prepara mirando hacia el este, aún se reforzarán más.

Procedimiento

1 En el cazo u olla especial para preparados mágicos, se pone el agua a calentar. Cuando rompa a hervir, se añaden todos los ingredientes uno a uno, pidiéndoles que, por favor, concedan sus energías sanadoras y fortalecedoras.

2 Se deja reposar durante un rato; cuando ya se encuentre templado, se sacan las plantas y se dejan apartadas en un plato.

3 Se rocía el pelo con el preparado mientras se visualiza un potente haz de luz sanadora, que será la que evite la caída del cabello y, además, favorezca su crecimiento.

4 Con el pelo empapado con la mezcla, se intenta ir a algún lugar de la casa donde se pueda recibir la luz de la luna llena y, allí mismo, se permanece unos minutos sintiendo su magia y su poder.

5 Se le agradece su función en el ritual y se deja secar el pelo al aire, sin usar secador ni frotar con la toalla de una forma brusca.

«La fuerza de mi cabello voy a recuperar
y brillante como la luna llena volveré a estar.»

SAQUITO CONTRA LAS PESADILLAS

Hay temporadas en las que, por diferentes motivos, sueles tener sueños pesados, desagradables y, cómo no, alguna que otra terrible pesadilla. Es muy fácil decir que no pasa nada, que solo era un sueño; pero no, no es así, ya que perjudican nuestro descanso e imprimen buena dosis de angustia, que arrastrarás durante gran parte del día siguiente.

Ingredientes

- Un saquito de tela blanca o un trozo de tela blanca con una cuerda para poder atarla
- Unas hojas y flores de lavanda
- Dos amatistas de tamaño pequeño
- Hilos enmarañados

Mejor momento para llevarlo a cabo

Se puede hacer en cualquier momento que se necesite, a cualquier hora y mirando hacia cualquier punto cardinal, pero incrementaría sus vibraciones si fuese un lunes de luna llena, al atardecer y mirando hacia el sur (el norte desde el hemisferio sur).

Procedimiento

1 Una vez se está concentrado, se introducen dentro del saquito o tela todos los ingredientes que se tienen preparados, en el siguiente orden: lavanda, amatistas e hilos. Se visualiza mientras tanto cómo cualquier sueño angustiante que se pueda tener queda atrapado en el saquito y no llega a hacerse realidad.

2 La lavanda será la encargada de aportar paz y seguridad; las amatistas, protección, y los hilos atraparán cualquier posible pesadilla entre su maraña.

3 Se sostiene el saquito ya cerrado entre las manos y se le pide, por favor, que cuide de nuestros sueños o de los sueños de los pequeños de la casa.

4 Se coloca debajo de la almohada, y a la mañana siguiente se desechan los hilos (sin tocarlos con las manos) y se lavan muy bien con agua clara las amatistas, para así poder repetir el ritual algunas noches más. La lavanda aún puede seguir utilizándose durante más tiempo.

«Ningún mal sueño me perturbará,
pues en este saquito atrapado quedará.
De un gran descanso disfrutaré y con una
gran sonrisa mañana despertaré.»

RITUAL DE SUPERPROTECCIÓN

Un hogar protegido es un hogar querido. Si sientes la necesidad de crear una mayor protección para los tuyos y para ti, puedes hacer un ritual de superprotección que te permita vivir en armonía y libre de cualquier posible energía contraproducente.

Ingredientes

- Un limón
- Una cabeza de ajo
- Sal gruesa
- Un cuchillo especial para este tipo de rituales

Mejor momento para llevarlo a cabo

Cualquier día en que haya luna llena, a mediodía, antes de que el sol baje de su punto más alto. Si esa luna llena coincide con el punto más cercano a la Tierra (apogeo), será una superluna, lo que hará que resulte aún más efectivo. La posición más adecuada es mirando hacia el sur (el norte desde el hemisferio sur).

Procedimiento

1 Se cortan los dos extremos del limón con el cuchillo y se utiliza solo la parte central. A continuación, y siendo muy consciente del momento, se hacen unos cortes en la piel y se coloca sobre un plato.

2 Con ese mismo cuchillo se hace un corte circular alrededor de la cabeza de ajo y se coloca sobre la rodaja central del limón, que ya estaba situada en el plato.

3 Se rodea todo con sal gruesa y se sitúa en la habitación que se quiera proteger. No importa que esté a la vista, pero lo ideal es que se coloque en puntos estratégicos, como pueden ser las esquinas, debajo de la cama, cerca de las ventanas o la puerta de entrada.

4 Puede cambiarse cuando el limón se estropee, y todos los restos del ritual se tiran a la basura orgánica, evitando en todo momento tocarlo con las manos.

«Mi hogar protegido quedará y ningún mal me preocupará.»

RITUAL PARA ALEJAR A PERSONAS MOLESTAS

Personas molestas hay en casi todos los sitios y es algo con lo que debes aprender a convivir. Unas veces te importan menos o nada, pero hay otras en las que sus vibraciones tan negativas te afectan muchísimo y las sientes como una sombra colgada a tu espalda. Sinceramente, a ese tipo de personas mejor mantenerlas alejadas de ti. Aléjate de quien no te quiere, pues no te merece.

Ingredientes

- Cayena
- Pimienta
- Sal gruesa
- Tres o cuatro hojas de laurel
- Un mortero

Mejor momento para llevarlo a cabo

El momento más favorable es un martes o sábado de luna creciente o llena, antes de mediodía y mirando hacia el sur (el norte desde el hemisferio sur).

Procedimiento

1 En el mortero se machacan minuciosamente la mitad de la cayena, la mitad de la sal y la mitad de la pimienta.

2 En un plato llano se traza, en el sentido de las agujas del reloj, un círculo con sal gruesa. Ese círculo se trazaría al contrario en el supuesto de estar en el hemisferio sur.

3 Encima de esa sal que dibuja el círculo, se echa la mezcla que se ha hecho antes con el mortero y se añaden el resto de la cayena y la pimienta que se habían reservado.

4 En el círculo interior se hace una estrella con las hojas de laurel. Se queman (no pasa nada si no arden enteras) y se mezclan sus cenizas con el círculo creado.

5 La mezcla se coloca en lugares estratégicos del hogar o, en su defecto, se introduce en algún saquito de tela que se pueda llevar encima; de esa forma podría llevarse al trabajo o a cualquier otro lugar donde se sienta que hay personas molestas.

«Lejos de esa energía quiero mantener la mía. Que no lo sienta como expulsión, pues es tan solo protección.»

RITUAL PARA CREAR UNA CÚPULA DE PROTECCIÓN

Cuando te resulte imposible mantenerte alejado de ciertas personas molestas, bien sea porque son compañeros cercanos de trabajo o algún familiar directo, lo mejor que puedes hacer para proteger tus energías de su toxicidad es crear una cúpula que te mantenga a salvo.

Ingredientes

- Un vaso de cristal
- Papel y lápiz
- Cuerda
- Una rama de cualquier planta que se pueda enrollar. Por ejemplo, ciprés o pino

Mejor momento para llevarlo a cabo

Puede crearse siempre que sea necesario, sobre todo cuando se requiere un efecto inmediato. Aun así, el mejor momento es un lunes de luna creciente, por la mañana y mirando hacia el sur (el norte desde el hemisferio sur).

Procedimiento

1 En el papel se dibuja una figura representativa de uno mismo y se escribe el nombre completo. Es muy importante tomarse un cierto tiempo para dibujarlo, pues hay que poner todas las intenciones en esa figura representativa.

2 Se dobla la rama que se tenía preparada, se hace una corona y se ata con la cuerda. A continuación, se coloca encima el dibujo representativo que se ha hecho antes. Esa corona será la encargada de permitir que se oxigene el interior de la cúpula.

3 Después se cubre el dibujo con el vaso de cristal y se coloca en un lugar seguro y tranquilo hasta que acabe la visita de energías indeseadas o la propia visita a un lugar poco deseable.

4 Una vez acabada su función protectora, se quita el vaso que cubre el dibujo y sobre él se lanza un soplido que lo libere de su función mágica. Así ya puede destruirse sin ningún tipo de preocupación.

5 La corona creada se pude colgar en la entrada de la casa y así servirá de protección.

«Protégeme con tu cristal y no dejes a la maldad traspasar.»

RITUAL PARA PROTEGER A UN SER QUERIDO
(CON SU CONSENTIMIENTO PREVIO)

La verdadera familia es la que te cuida y respeta; así, cuando los problemas acechan a esos seres a los que tanto quieres, estás dispuesto a hacer cualquier cosa por ellos; entre ellas, magia. Pero, claro, no puedes olvidar que esas personas deben estar informadas de la intención de tu propósito y, por supuesto, aceptar esa ayuda mágica por tu parte. De lo contrario, NO se respetaría su propia voluntad y sería más una agresión que una ayuda.

Ingredientes

- Una vela, a ser posible blanca
- Una aguja, punzón o cualquier objeto puntiagudo con el que poder grabar sobre la vela
- Sal gruesa
- Trocitos de cáscara de limón seca
- El zumo de medio limón
- Papel y lápiz

Mejor momento para llevarlo a cabo

Un martes de luna creciente, por la mañana y mirando hacia el sur (el norte desde el hemisferio sur). Si esa persona a la que se quiere ayudar está presente durante el ritual, mucho mejor, pues las vibraciones e intenciones se verán incrementadas.

Procedimiento

1 Con ayuda del objeto puntiagudo, se graba en la vela el nombre de la persona a la que se quiere proteger y en el papel se escribe qué es lo que se quiere conseguir. Hay que procurar ser muy concreto a la hora de describir qué se desea (proteger de envidias, mejorar su estado de salud...).

2 Se coloca el papel en un plato y, sobre dicho papel, se pone la vela con el nombre ya grabado en ella.

3 Con mucho cuidado de no mojar la mecha, se unta la vela con el zumo de limón. También se esparce a su alrededor la sal, ya mezclada con los trocitos de cáscara de limón.

4 Se enciende la vela y se visualiza que esa persona querida se encuentra protegida o con el propósito pedido ya cumplido. Se sitúa en un lugar seguro y se deja consumir.

«De sangre o pura amistad, eres mi familia y de ti voy a cuidar.»

LIMPIEZA PROTECTORA

Limpiar un lugar de malas energías no suele ser suficiente, puesto que si el foco de esa «infección» energética está cerca, pronto todo volverá a contaminarse. Siempre que sepas que ese foco es cercano y puede volver a perjudicarte pronto, tras la limpieza deberás realizar otra, pero esta vez protectora. No querrás que se vuelva a repetir constantemente, ¿verdad?

Ingredientes

- Una manzana
- Azúcar moreno
- Una ramita de romero fresca
- Agua, a ser posible solarizada
- Un espray difusor

Mejor momento para llevarlo a cabo

Cualquier momento tras una limpieza energética es bueno. Aunque también pueden hacerse por separado, siendo su momento de mayor poder cuando la luna está creciente o llena. El mejor momento del día es al amanecer y mirando hacia el sur (el norte desde el hemisferio sur).

Procedimiento

1   Se pone a calentar alrededor de un litro de agua solarizada (que puede prepararse el día anterior); cuando rompa a hervir, se añaden con mucho cariño la ramita de romero y el azúcar moreno.

2   Se corta la manzana en trocitos no muy grandes y también se agrega al agua. Se deja calentar durante 5 minutos a fuego lento, pasado ese tiempo, se retira del fuego y se deja reposar durante unos 20 o 30 minutos. Una vez que se haya enfriado el preparado, se retiran los trozos de manzana y la ramita de romero, y se introduce el preparado en el espray difusor. Con él se rocía toda la casa, haciendo mayor hincapié en la puerta de entrada y en los filos de las ventanas (a ser posible también se echará por la parte exterior de ambas).

3   Si ha sobrado algo del preparado, se puede utilizar para tomar un buen baño protector, rico en propiedades beneficiosas para la salud.

«Protejo mi hogar y con estas aguas alejo todo mal. No habrá energía que me pueda dañar, pues de la puerta de casa no pasará.»

119

PELUCHE PROTECTOR

Los niños son pura luz y, como tal, un gran imán para las vibraciones más densas, pesadas y molestas. Lo ideal es que les enseñes a protegerse energéticamente por sí mismos, así no tendrán que depender de nada ni de nadie; pero cuando son muy pequeñitos no te queda más remedio que actuar como máximo tutor protector.

Ingredientes

- Uno de sus peluches favoritos
- Unas tijeras
- Aguja de coser e hilo
- Una ramita de romero seca
- Una ramita de lavanda seca

Mejor momento para llevarlo a cabo

Un martes de luna creciente o llena, por la mañana y mirando hacia el sur (el norte desde el hemisferio sur). Si se realiza en un lugar donde se reciba de forma plena el sol, el ritual se verá fortalecido. En su defecto, se puede encender una vela antes de comenzar con el ritual.

Procedimiento

1 Con mucho cariño y respeto, pues es el peluche favorito del niño, se le hace un corte más o menos a la altura de la barriguita y se le saca un poquito del relleno que lleve en su interior.

2 Una vez que haya quedado algo de hueco libre, se introducen las ramitas de plantas secas mientras se visualiza cómo estas crean un escudo protector y, además, cubren al niño por completo con unas energías relajantes y confortables.

3 Se vuelve a coser toda la barriguita con la aguja y el hilo que se tenían preparados, y ya está listo para proteger, dar y recibir mucho amor.

«Este peluche protector se encargará de dar y recibir mucho amor. Las energías densas no se acercarán y mi niño tranquilo siempre estará.»

TALISMÁN PARA PROTEGER A LAS MASCOTAS

No importa que tengan cuatro o dos patas, ellos también forman parte de tu familia y se les quiere como a uno más. Verlos sufrir es sufrir con ellos. Lo aconsejable es que no te olvides de su protección mágica para que nada externo pueda perjudicarlos.

Ingredientes

- Unos granos de café
- Un saquito pequeño de tela fuerte, como puede ser la tela vaquera
- Aguja e hilo
- Un diente de ajo
- Papel y lápiz

Mejor momento para llevarlo a cabo

Cualquier momento es bueno, pero si la luna está en fase creciente o llena, el ritual se verá fortalecido. Al igual que si se pone en práctica por la mañana y mirando hacia el sur (el norte desde el hemisferio sur).

Procedimiento

1 En el papel se escribe el nombre de la mascota a la que se quiere proteger o se hace un dibujo representativo. Mientras se hace, hay que poner todas las intenciones en ello, con intensidad.

2 Luego se mete el papel en el saquito de tela y se añaden los granos de café y el diente de ajo. Es muy importante visualizar cómo esos olores tan fuertes e intensos rechazan todo aquel o aquello que quiera hacerle mal.

3 Con la aguja y el hijo se cose el saquito, que podrá colgarse de la correa de paseo —si es un perro— o colocarse bajo su camita o lugar favorito de la casa.

4 Se recomienda cambiar el saquito cada mes, sin tocar los elementos que se han puesto en su interior, puesto que han estado absorbiendo todas las malas vibraciones.

«De todo mal te protegeré y que te ocurra algo dañino jamás permitiré.»

SAQUITO PARA PROTEGER LOS VEHÍCULOS

Cuando tienes un vehículo no solo hay que cuidarlo para que no se estropee, sino porque es tu mayor protección cuando viajas en él. Tener un coche en buen estado es fundamental, al igual que conducir descansado y evitar toda distracción. Este amuleto te ayudará a evitar que, de una u otra forma, se produzca un accidente; en el caso de que se produzca, contribuirá a que conlleve las menores consecuencias posibles.

Ingredientes

- Un saco de tela de color amarillo
- Una ramita de ruda seca
- Cuatro garbanzos
- Cuatro hojas de laurel
- Sal rosa del Himalaya
- Un mortero

Mejor momento para llevarlo a cabo

Un miércoles de luna creciente, antes del mediodía, mirando hacia el este y, a ser posible, en un lugar que se encuentre alto (el balcón de un edificio, lo alto de una colina o monte...). También sirve ponerlo en práctica mirando hacia el sur (el norte desde el hemisferio sur).

Procedimiento

1 Se cogen las cuatro hojas de laurel y, con cuidado, se machacan en un mortero junto con la sal rosa del Himalaya. Mientras se hace, se visualiza cómo desaparecen los posibles obstáculos que puedan cruzarse en el camino cuando se conduce.

2 Una vez triturado y mezclado todo, se introduce en el saquito; también la ramita de ruda y los cuatro garbanzos. Mientras tanto, se visualiza cómo el coche queda protegido con una cúpula invisible que impide que se dañe o estropee.

3 Se cierra muy bien el saquito y se coloca en el espejo retrovisor o en la guantera del coche. Puede cambiarse cada 2 o 3 meses, y durante ese tiempo es aconsejable cargarlo de energía las noches de luna llena.

«Mi vehículo protegeré y todo accidente evitaré. El viento del este me acompañará y en mi viaje la seguridad jamás faltará.»

PROTEGER EL HOGAR DE LOS LADRONES

Los amantes de lo ajeno no son bienvenidos en ningún hogar. Poner un sistema de vigilancia es una opción, sobre todo cuando ya se ha sido víctima de alguna visita indeseable, pero lo mejor para evitar cualquier tipo de robo o fechoría es conseguir que dichas personas no se sientan atraídas por tu hogar. Todo un repelente de ladrones.

Ingredientes

- Tantos maceteros con tierra en su interior como ventanas y puertas dando a la calle se tengan en el hogar. Por ejemplo: si hay cinco ventanas y dos puertas de entrada a la casa, hay que conseguir siete maceteros
- Tornillos, púas, alfileres y cualquier objeto punzante
- Un puñado de bolitas de pimienta negra
- Una piedra que ocupe todo o casi todo el diámetro del macetero
- Un rotulador rojo o pintura roja

Mejor momento para llevarlo a cabo

Un sábado de luna creciente o llena, al atardecer, mirando hacia el sur (el norte en el hemisferio sur). Si se pone en práctica cerca de un lugar caluroso o rodeado de velas, el poder del ritual se verá aumentado.

Procedimiento

1 Se escarba un agujero en la tierra de los maceteros y, con mucho cuidado de no lastimarse, se introducen todos los objetos punzantes que se tenían preparados. Se tapan con la tierra teniendo especial precaución de que queden cubiertos por completo para evitar posibles accidentes.

2 Se colocan las piedras encima y, con el rotulador o la pintura, se dibuja algún símbolo de protección que se conozca. También sirve escribir alguna palabra del tipo: SEGURIDAD.

3 Los huecos de tierra que queden sin cubrir con la piedra se tapan con las bolitas de pimienta negra.

4 Por último, se ubica cada macetero junto a las ventanas o puertas que den al exterior. Mientras se colocan, se visualiza cómo sirven de repelente para los ladrones.

123

«La seguridad de mi hogar quiero mantener y a los amantes de lo ajeno alejados tendré.»

CARTA PARA IRATI

Mi pequeña y querida bebé:

Aún recuerdo cuando papá te dio una de las dos cosas que andabas buscando al venir a este mundo: tu nombre. Estábamos sentados en silencio en las tierras del norte y de su boca salió un «Irati» que marcó un antes y un después en nuestra vida. En ese mismo instante ambos supimos que, por mucho más que buscásemos, ese era para ti. Esa eras tú, la niña del campo de helechos.

Las primeras semanas no fueron fáciles para nosotras. Creía que te iba a perder y lloraba desconsolada cada vez la sangre me corría entre las piernas sin tener por qué hacerlo. Quién me iba a decir que, cuando ya habíamos superado esos meses tan delicados, cuando ya habíamos conseguido ver tu preciosa carita, cuando ya habíamos puesto mil ilusiones en nuestros futuros momentos juntos, todo iba a tener un final tan inesperado y rápido.

Nadie lo imagina, nadie lo espera. En ese momento un pedacito de mí murió de tristeza.

Me diste tanto amor que solo puedo darte las gracias. Gracias por haberme elegido para ser tu mamá. Gracias por haber elegido a papá (sé que, en cierto modo, tú nos uniste cuando aún no nos habíamos encontrado). Gracias por despertarme todos los días a mi hora favorita con tus pataditas y movimientos inquietos de niña aventurera. Gracias porque contigo he amado los cambios de mi cuerpo y he admirado cada centímetro de mi barriga. Gracias por esas conversaciones tan bonitas que teníamos cuando íbamos a la cama o subíamos los montes. Gracias por venir y hacerme muy feliz durante casi seis meses. Gracias por ser, mi pequeña Irati. Gracias.

Vayas donde vayas, mamá te estará mirando desde lejos, deseando abrazarte y coger tu manita; pero respeto tu libertad y ante todo deseo tu felicidad estés donde estés.

Tu alma necesitaba un nombre y también libertad. Nosotros te hemos dado ambas cosas porque te queremos. Ahora solo deseo que seas muy feliz y que marches allá donde sientas. Sé que no te fuiste llorando. Las lágrimas se quedaron aquí, entre nosotros, los mortales, y en las paredes de mi útero que ahora llora por estar vacío. Sonríes y seguirás haciéndolo aferrada a la cola de ese cometa que te trajo hasta nosotros.

Te quiero, mi vida. Te queremos. Siempre lo haremos.

P.D.: A los días les cuesta más amanecer desde que tú no estás.